特別支援教育

発達障害の子が学びに夢中に！

ワーキング メモリ あそび

湯澤正通

JN029311

学陽書房

はじめに

▶ あそびを通して、学習に夢中になれる！

「多様性に寄り添う個別最適な支援」

さまざまな個性を持つ子どもたちを支援する上で、大事にしている視点です。机に座って行う「学習」が苦手でも、「あそび」の中で学ぶことで、学習が好きになったり、集中して取り組めるようになったりする子がいます。

本書では、読み書きや算数、対人関係などで問題や困難を抱えている子どもの課題を、ワーキングメモリの力を育てるあそびを通して、解決していきます。

▶ ワーキングメモリが、子どもの課題を解決！

本書で取り上げる「ワーキングメモリあそび」の多くは、普段、子どもたちが休み時間などにしているあそびをベースにしています。

そんなあそびに、子どもたちのワーキングメモリ・実行機能に意図的に負荷をかけるようなルールを加えています。

ワーキングメモリ・実行機能については、第1章で解説していますが、情報を記憶する、注意を向ける、我慢する、切り替えるといった脳の機能のことです。

ワーキングメモリ・実行機能は、子どもたちの学習を支える基盤といわれるものです。「発達障害」とされる子どもたちの多くは、ワーキングメモリ・実行機能の一部がうまく働かないため、読み書きや算数、対人関係などで問題や困難を抱えています。

そのため、そうした子どもたちの問題や困難を解決し、学力を伸ばし、生きる力を身につけていくためには、その基盤となるワーキングメモリ・実行機能の力を育てることが欠かせません。

▶ ワーキングメモリあそびの大きな効果

① じっと座って勉強するのではなく、全身や手先などの身体を使うため、ADHDなどの特性を持ち、落ち着きのない子どもにとって取り組みやすい活動です。

② あそびの目的がはっきりしているので、活動の途中で目的を忘れることが起こりにくく、子どもが目的意識を持って一貫して身体を動かすことができます。この「目的意識を持って身体を動かすこと」をワーキングメモリが支えています。

③ 「記憶しながら考える」というワーキングメモリだけでなく、「我慢すること」、「気持ちや思考を切り替えること」を適切に働かせることができないと、あそびが成り立たず、ゲームにも負けてしまいます。それでは、子どもたちは楽しくないので、自発的にこうした力を働かせるようになります。

④ 仲間と関わりを持ちながらあそびを行うので、自閉スペクトラム症の特性を抱えている子どもが、相手の立場に立って考える機会を得られ、社会的スキルや知識を身につけることができます。

ワーキングメモリ・実行機能は、あそびにおいても、学習においても、「使われることで」その力が伸びていきます。教師や支援者は、子どもたちがワーキングメモリ・実行機能を存分に発揮できる活動や環境を設定することが大切です。そのような活動として、本書の「ワーキングメモリあそび」が、多くの学校や放課後等デイサービスなどで実践されることを願っています。

湯澤正通

Contents

第**3**章

読み書き・思考の力が身につく！
アナログあそび

第**4**章 経験の中で文化を学ぶ！
季節のあそび

第5章

手指の運動で正確性・計画性を育む！
物作りあそび

第6章

安全で健康な生活を目指す！
社会性を育てるあそび

★本書のあそびの紹介ページでは、下記アイコンの形で、あそびの推奨人数、あそびに適している場所、あそびの推奨学年を記載しています。

👤 クラス全員

📍 教室

✌ 低学年

★一部アロマオイルを使用するあそびを紹介しています。アレルギーを持っている子どもがいないか、確認した上で取り組んでください。

★一部調理を行い、食べ物を扱う活動の紹介をしています。衛生面や安全面、子どものアレルギーなどには十分配慮した上で、取り組んでください。

第 1 章

発達障害の子のつまずきを解決する！

ワーキングメモリの働き

①学びの基礎である
　ワーキングメモリを育てる

　ワーキングメモリは「脳の黒板」です。脳の黒板を使って、子どもたちは情報を記憶し、同時に考えることができます。ワーキングメモリの発達は、子どもたちの学習を支える上で欠かせません。

教科書32ページの第一段落を読んでキーワードに線を引きなさい

ワーキングメモリ＝脳の黒板

☑ 指示を覚えなきゃ
☑ 32ページの第一段落を読むぞ！
☑ キーワードはどれかな？
☑ キーワードに線を引こう！

32ページ？
　　33ページ？
あれ？何をしたらいいんだっけ…

脳の黒板が大きい　　　脳の黒板が小さい

▶ ワーキングメモリは「脳の黒板」！

　ワーキングメモリは、短い時間に脳の中で情報を記憶し、同時に考える働きのことです。筆者は、ワーキングメモリのことをしばしば「脳の黒板」にたとえます。

　学校の授業では、黒板はどのように使われているでしょうか。まず、授業の最初に黒板の上部に、授業の「ねらい」を書きます。「ねらい」は、その時間の目標であり常に必要な情報なので、授業の最後まで書かれたままです。その他にも、授業の展開に沿って、文字や図を書いたり、消したりします。

　黒板の大きさは限られているので、文字や絵を書いていくと、スペースがなくなります。新しい文字や図を書くためには、必要でなくなった文字や図を黒板消しで消さなければなりません。

　このように、目的に沿って、必要な情報をその都度、記憶し、考える働きを脳で行うのがワーキングメモリです。

▶ ワーキングメモリの２つの特徴

　ここで、ワーキングメモリの重要な特徴を、２つ強調しておきます。

　１つ目は、ワーキングメモリで記憶し、同時に考えることのできる情報の量は、黒板のように、限りがあることです。その容量は、個人によって異なっています。また、年齢の低い子どもの「脳の黒板」は小さく、加齢とともに大きくなります。一方、情報の受け取り方によって、記憶しながら、同時に考えることのできる情報の量が変わってきます。たとえば、意味的なまとまりのある情報は、ワーキングメモリに覚えやすくなります。

　２つ目は、学習者の注意が情報からそれたり、記憶しながら、考えなければならない情報の量が、その学習者のワーキングメモリの容量の限界を超えてしまうと、ワーキングメモリの情報はすべて消えてしまうことです。限界を超えると、学習者は目標を忘れてしまい、次に何をしたらよいかわからなくなります。そして、授業で必要な活動ができなくなります。これらの特徴を理解した上で学習支援を行うことで、子どもの学習の力はどんどん伸びていきます。

②子どもの発達と
　ワーキングメモリ

▶ ワーキングメモリは学習成績と密接に関連する！

　ワーキングメモリは、人間の「目的志向的な活動」を支えます。その活動の中心となるのが「学習」です。ワーキングメモリは、子どもの学びを支える脳の基盤と言えるでしょう。

　ワーキングメモリが子どもの国語や算数・数学などの学習成績と密接に関連することは、多くの研究から明らかになっています。

　逆に、ワーキングメモリに何らかの問題があると、学習がうまくいきません。その典型例が「発達障害」と見なされる子どもたちです。2022年12月に公表された文部科学省の調査によると、「知的発達に遅れはないものの学習面又は行動面で著しい困難を示す」小中学生の割合は通常の学級で推定8.8％でした。特に、小学校でその割合は高く、推定10.4％になります。こうした子どもたちの多くは、ワーキングメモリに何らかの問題を抱えている可能性があります。

▶ ワーキングメモリと実行機能

　ワーキングメモリは、人間の記憶と思考を制御する脳の働きです。本書では、実行機能（思考や行動を制御する前頭葉の機能）と同義に捉えます。ワーキングメモリ・実行機能には、３つの要素があります。**①記憶する・注意する、②我慢する、③切り替える**、です。

　教師が子どもに「教科書の32ページの第一段落を読んで、キーワードに線を引きなさい」と指示したとします。指示を適切に実行するために、子どもは指示を記憶し、32ページの第一段落に注意を向けます。分厚い教科書の32ページを開き、第一段落だけを読むように我慢します。おもしろいからといって、第2段落以降も読み続けてはいけません。読み終わったら、キーワードについて考えるように思考を切り替えなければなりません。

このように、すべての学習は、ワーキングメモリ・実行機能の働き(①**記憶する・注意する、②我慢する、③切り替える**)に支えられています。ワーキングメモリ・実行機能は、適切に働くことで発達し、学力が向上していくのです。

▶ ワーキングメモリの発達と個人差

　ワーキングメモリで、記憶しながら考えることのできる情報量は、小学校入学から中学校卒業までの間に、急激に増加していきます。15歳以降も、その情報量は、30歳くらいまでは少しずつ増加していきます。それ以降は60歳くらいまで、あまり変化が見られません。

　一方で、同じ年齢であっても、ワーキングメモリで記憶しながら、考えることのできる情報量には、個人差があります。

　ワーキングメモリを脳の黒板にたとえましたが、学校の同じクラスで同じ授業を受けていても、脳の黒板の大きい子どもは、記憶しながら考えることのできる情報量が多いため、授業内容を容易に理解できます。ただ、脳の黒板の小さい子どもは、記憶しながら考えることのできる情報量が少ないため、スペースがすぐになくなり、授業内容がわからなくなってしまいます。

　とはいえ、同一の子どもの年齢による変化を見ると、早い／遅いという違いはあるものの、どの子どもも年齢とともに、ワーキングメモリで記憶し考えることのできる情報量は大きくなっていきます。適切な支援で、どの子も情報量を増やしていくことができると言えます。

　このようなワーキングメモリの発達に影響する要因は、経験（学習）や知識、情報処理の速度、方略やスキルの獲得です。これらの要因とワーキングメモリの発達とは相互作用的な関係にあります。たとえば経験を通して、知識やスキルを獲得します。知識やスキルをたくさん持っている子どもは、それに基づいてより多くの情報を記憶し、考えることができます。そのため、知識やスキルをますます習得し、より早く処理できるようになり、高度な方略を利用できるようになります。こうしたポジティブな流れができると、ワーキングメモリ・実行機能の発達が加速していくでしょう。

③あそびの中でワーキングメモリと実行機能が育つ！

▶「あそび」がワーキングメモリの機能を伸ばす！

　子どもは、最初から独力でワーキングメモリ・実行機能を適切に働かせることができるわけではありません。周りの人の助けを受けることで、適切な働かせ方を経験していきます。

　他者と関わる「あそび」は、**①記憶する・注意する、②我慢する、③切り替える**、の３つの要素を働かせ、発達させる機会となります。

　たとえば、「ボール鬼（サッカー編）」というあそびでは、「オニ」役の子どもは、「ボールを転がして、村人に当てる」というルールを常に記憶して、「村人」役の子どもに注意を向けないといけません。ついつい手でボールを投げそうになりますが、それを見た教師は、「手を使ってはダメだよ」と我慢（抑制）を促します。

　また、「村人」が遠くに逃げてしまい、その近くにいる「オニ」の友だちにボールをパスしたほうがよいとき、教師は、「○○さんにパスして！」と、「村人」に直接蹴る代わりに、「オニ」へのパスに切り替えることをアドバイスします。

　こうして楽しいあそびの中でワーキングメモリ・実行機能の適切な使用が促され、その力が育まれていきます。

▶ ワーキングメモリあそびの目標

　ワーキングメモリあそびは、すべてのあそびに、ワーキングメモリ・実行機能の３つの要素、**①記憶する・注意する、②我慢する、③切り替える**、を含めた活動となっています。あそびの中で子どもが３つの要素を働かせ、それらを発達させることを目標としています。

　ただし、１回だけやって、すぐに効果が見られるというものではありません。さまざまなあそびを実施し、教師の手助けを受けながら、子どもたちは３つの要素を繰り返し使い、徐々に身につけていきます。

▶ 声かけやたとえを使ってフォローしよう！

　低学年の子どもや発達障害の特性を抱える子どもは、ワーキングメモリ・実行機能に弱さを抱えることが多く、その適切な使用と発達には、教師の声かけと励ましなどの支援が必要です。

　あそびのルール（「村人」にボールを当てたら、「オニ」を交代するなど）を言葉で繰り返しても理解できない子どももいます。そのような子どもには、理解しやすいたとえを使って、ルールを子どもに納得させましょう。

④ワーキングメモリあそびの
年間指導・実施計画

▶ 年間の指導・実施計画への取り入れ方

　本書で取り上げたワーキングメモリあそびは、学校の通常学級や特別支援学級の特別活動や自立活動の時間、放課後等デイサービスなどで実施されることを想定しています。

　あそびは、大きく5種類に分類されています。対象の子どもの興味・関心や課題に合わせて、週1回程度、継続的に実施することが、子どものワーキングメモリ・実行機能の発達につながります。

　教師や支援者は、表1のように、対象の子どもの課題を話し合い、目標を定め、あそびの年間の実施計画を考えてみましょう。

表1 年間指導・実施計画の例

氏名	課題	指導目標
○○さん	指示を忘れ、教師の話を聞いていない。こだわりが強く、柔軟に考えることができない。自分の思い込みで行動する。	あそびのとき、常にあそびの目標とルールを意識できるようにする。場面に応じて自分の行動を調整できるようにする。
××さん	あそびなどのルールを忘れてしまい、ルールに反した行動をとる。自分の思い込みで行動し、他人のことを考えられない。	あそびのとき、常にあそびの目標とルールを意識できるようにする。チームで協力して行動できるようにする。
日時	あそびのテーマ	留意点
4月○日	ボール鬼(サッカー編)	新規メンバーで打ち解け合う。
4月×日	4月イースター　音当てゲーム	新規メンバーで楽しく行う。

▶ 活動の記録が、子どもの支援に生かされる！

　ワーキングメモリあそびを実施するときは、目標をふまえて、子どもの行動や態度を記録し、その後の活動における支援に生かすことが大切です。表2の記録の例を参考にしてください。

表2　活動場面の記録例

年月日	2020〇年〇月〇日	ボール鬼(サッカー編)	
氏名	記憶する・注意する	我慢する	切り替える
〇〇さん	村人のとき、ボールから逃げようとせず、ボールに当たっても、そのまま立っていた。「ボールには、魔法がかけられている」ため、ボールに当たらずに、逃げる必要があることを理解させた。	オニのとき、転がってきたボールをそのまま蹴ったため、よく蹴ることができなかった。転がってきたボールをいったん足で止めてから、特定の村人に狙いを定めて、ボールを蹴るように教えた。	村人のとき、ボールに当たっても、オニになろうとしなかった。「ボールにはオニの魔法がかけられているため、ボールに当たると魔法でオニになる」と説明し、切り替えを促した。
××さん	村人のとき、転がってきたボールを手で止めた。「手で持つとボールの魔法がうつる」ことを説明し、ルールを確認した。	オニのとき、ボールを適当に蹴った。①周りを見回し、どの村人に当てるのか決めること、②その村人に当たるタイミングを見定めること、③そのタイミングでボールを蹴ることを教えた。	他のオニにボールをパスしようとせず、自分で蹴ることにこだわった。オニは、「〇〇戦隊レンジャーと同じく、みんなで敵を倒す」役割だと説明し、仲間にボールをパスしたほうが効果的であることを説明する。

第 2 章

想像力・集中力を高める！

全身を動かす
あそび

\1/ ボール鬼（サッカー編）

ねらい → 注意しながら動くことや、目的に合わせて切り替える力を身につける

ルール
❶ 「オニ役」の子どもを複数人決める。1学級では1～3人くらい。
❷ 「オニ」がボールを蹴って、「村人」に当てることができたら「オニ」を交代する。
❸ 「オニ」同士で、ボールをパスしてもOK。
❹ 「村人」が、向かってきたボールを、足でうまく止められたら、当たったことにならない。

▶ 「オニ役」の子どもがボールを蹴ったら、スタート！

> 「オニ」は、ボールが地面から浮かないように、転がすように蹴りましょう。

子ども（オニ役）：えいっ！
子ども（村人役）：当たっちゃったー！

> ボールが当たったから「オニ」交代だね！

子ども（オニ役）：えいっ！
子ども（村人役）：ボール、足で止められた！

> うまく止められたから、当たったことにはならないよ！

▶ 応用編①　「オニ」の数を増やすパターン

> 今度はどんどん「オニ」が増えていきます。ボールを当てても「オニ」は交替しないで、そのまま「オニ」を続けます。

子ども（オニ役のAくん）：えいっ！
子ども（村人役）：わー、当たった！

 当てられたら、「オニ」になるよ！
Aくんも「オニ」を続けてね！

▶ 応用編② 「ボール」の数を増やすパターン

 今度はボールの数が2個、3個と増えていきます。
ボールに当たったら「オニ」を交替しましょう。

アドバイス！

　ワーキングメモリは、情報を覚えながら、考える脳の働きです。ワーキングメモリの役割は、まず、あそびの目的を覚えておくことです。

　ボール鬼では、「村人」と「オニ」によって目的が違います。「村人」は、「転がってきたボールに当たらない」（ボールを避ける、足で止める）ことが目的です。「オニ」は、「ボールを転がして、村人に当てる」ことが目的です。

　「村人」は、ボールを見ながら、その動きのイメージを想像します。そのイメージを覚えながら、当たらないためにどうしたらよいかを、考え、動作に移します（**記憶する・注意する**）。その際、ボールの方向、速さ、周りの村人の様子などを考慮して動くことを覚えるでしょう。

　「オニ」も同様に、ボールの動きのイメージを想像し、そのイメージを覚えながら、ボールの転がし方を考えます（**記憶する・注意する**）。ただし、「オニ」は、村人が遠くに逃げてしまったら、その近くの「オニ」にボールをパスするという方法を選択する必要があります。ここで**切り替える**力が身につきます。また「オニ」は、適当にボールを蹴ることをしないようにします（**抑制する**）。ボールに当たったら、「村人」と「オニ」は交代し、目的や方法についての情報を頭の中で**切り替え**ます。

　教師は、ボールがうまく蹴れない子どもやうまく参加できない子どもに声をかけながら、そばでフォローしましょう。

2 だるまさんが カード合わせ

ねらい 学習に苦手意識のある子どもが、数字や文字に楽しく触れる機会をつくる

ルール

❶ マークや文字、数字がペアのトランプカードを25～30組程度用意する。

❷ 「オニ」を1人決め、壁など基点となる場所に立たせる。

❸ 「オニ」以外の子どもは「オニ」から5mほど離れたスタート地点に立ってもらう。

❹ 「オニ」と「オニ以外の子ども」との間に、裏返しにして文字やマークが見えない状態にしたカードを置く。

❺ 「オニ」が目を閉じて『だるまさんがころんだ』と言っている間に、「オニ以外の子ども」はカードをめくりペアを探す。

❻ カードがペアになったら、そのまま手に持ち「オニ」にタッチしに行く。

❼ ペアにできなかったカードは裏返しにして元の状態に戻し、ペアになるまで繰り返しめくって探す。

❽ 「オニ」が振り向いたときに静止できていなかったら、持っていたカードをその場に捨てて、スタート地点に戻る。

❾ 最初にペアを持ったまま「オニ」にタッチできた子どもが次の「オニ」となる。

▶ 「オニ」が「はじめの一歩」と言ったら、スタート！

子ども（オニ役）：はじめの一歩。だるまさんがころんだ！　Aさん動いた！

 Aさんはカードを裏返して戻して、スタートの位置に戻ってね。

子ども（オニ役）：だるまさんがころんだ！

 あ、Bさんがペアを見つけて「オニ」にタッチした！ じゃあ、次の「オニ」はBさんだね。

▶ 応用編① 見つけるペアを2組以上に増やす

 今度はペアを2組以上見つけてね。

子ども（オニ役）：だるまさんがころんだ！

 ペアは2組以上見つけよう！ 1組だったら「オニ」にタッチすることができないよ。

▶ 応用編② 動いてもいいパターンを入れる

 今度は「オニ」が『だるまさんがころばない』と言ったら動きを止めず、カードをめくって探し続けよう。

子ども（オニ役）：だるまさんがころばない！

 止まらずカードを探し続けていいよ。

 だいぶ慣れてきたから追加ルールを入れるよ。 「オニ」が言った動きをしようね。

子ども（オニ役）：だるまさんがしゃがんだ！

その場でしゃがむよ！

👍 アドバイス！

　「オニ」以外の子どもは、ペアのカードを見つけて、オニにタッチすることが目的です。「オニ」の声に注意を向けながら、裏返しにしたカードの文字や数字とその位置を覚えておかなければなりません（**記憶する・注意する**）。そして、「オニ」が「だるまさんがころんだ」と言い終わる直前に手を止めなければなりません（**我慢する**）。「オニ」にタッチできた子どもは、次に「オニ」の役割をします（**切り替える**）。

3 鬼ごっこ（電池編）

ねらい 通常の鬼ごっことは違い、頭にものをのせて行うことで、忍耐力・集中力を培う

ルール
❶ お手玉やハンカチなど、頭にのせられるものを用意する。
❷ 「オニ」役の子を1人と、逃げる範囲、制限時間を決める。
❸ 「オニ」と「村人」の頭にお手玉をのせる。
❹ 頭からお手玉が落ちたらその場で止まり動けなくなる。
❺ お手玉を誰かに拾ってもらい、頭に戻してもらったら再び動ける。
❻ 「オニ」にタッチされたら、「オニ」役と「村人」役を交替する。
❼ 制限時間がきたときに「オニ」だった子どもが負け。

▶ 「オニ」と「村人」の頭にお手玉を置いたら、スタート！

 このお手玉が電池です。「オニ」も「村人」も頭にのせよう！

子ども（村人役）：結構難しいな。あ！落としちゃった！

 「オニ」も「村人」も落としたら動けなくなるから、その場で止まってね。

子ども（オニ役）：オニが動けないと村人が捕まえられないよ！　どうしたらいいの？

 助けて！って言えばいいんだよ。先生が頭に戻してあげる。

子ども（村人役）：僕たちはどうしたらいいの？

 同じ「村人」の人に助けを求めて戻してもらおう。

ルールはわかったかな？　「オニ」は10秒数えよう！　「村人」はその間に逃げてね！

子ども（オニ役）: いーち、にー…

 10秒数え終えたから「村人」にタッチしに行こう！

▶ 応用編①　「オニ」の数を増やすパターン

 今度はオニがどんどん増えていくよ。「オニ」は村人にタッチしてもそのまま「オニ」を続けよう！

子ども（村人役）: あ、タッチされちゃった！

 タッチされたら「オニ」になるよ！

▶ 応用編②　身体の他の部位を使うパターン

 今度は、このボールを使います。

子ども（オニ役）: どうやって使うの？

 膝の間に挟んで落とさないように動こうね。

アドバイス！

　「村人」も「オニ」も、遊んでいる間、頭の上に「電池」があることを覚えておき、落ちないように注意を払う必要があります（**記憶する・注意する**）。追いかけることや逃げることに夢中になると、頭の上の「電池」のことを忘れて、落としてしまいます。落とさないためには、急に走り始めない、急に動きの方向を変えないなど、身体の動きに気をつけなければなりません（**我慢する**）。そして、「電池」を落としたら、その場で止まり、誰かに「電池」を拾ってもらわないといけません（**切り替える**）。また、「オニ」にタッチされたら、「オニ」と「村人」が交代します（**切り替える**）。

\4/ 真っ暗かくれんぼ

👤 クラス全員
📍 教室
⅄ 全学年

💡 **ねらい** ▶ 普段とは違う環境の中でも、落ち着いて行動する

ルール

❶ 真っ暗にできる教室と懐中電灯を用意する。
❷ 「オニ」を1人決め、隠れた子を探す時間（5〜10分）も決める。
❸ 他の子どもたちが隠れている間、「オニ」は30秒数えて待つ。
❹ 30秒経ったら、「もういいかい」と声をかける。
❺ 「もういいよ」と言われたら探しに行く。
❻ 隠れた子を全員見つけたら「オニ」の勝ち。
❼ 制限時間内に全員見つけられなかったら「子」の勝ち。
❽ 最初に見つかった「子」が交替して「オニ」になる。

▶ 「オニ」が数を数え始めたら、スタート！

子ども（オニ役）： いーち、にー、さーん…

> 「オニ」に見つからないように喋らず静かに隠れようね。

子ども（オニ役）： もういいかい？
子ども： まーだだよ。

> もう1回30秒数えよう。

子ども（オニ役）： いーち、にー、さーん…

> 早く隠れるところを見つけて隠れてね！

子ども（オニ役）： もういいかい？
子ども： もういいよ！

探しに行こう！

子ども（オニ役）：あ、Aさんみーつけた！

全員見つけられたみたいだから「オニ」の勝ち！

今度はAさんが「オニ」をやろう。

▶ 応用編①　「オニ」が複数いるパターン

今度は「オニ」が2人いるからね。

子ども（オニ役）：僕はあっち探すから、Bさんはあっちを探してね！

▶ 応用編②　逆かくれんぼパターン

今度は「オニ」が5人いるけど、だんだん減っていくよ。

「オニ」は隠れている子を見つけたら、そっと同じ場所に隠れるよ。

子ども：どうやって勝ち負けを決めるの？

最後まで「オニ」だった人が負けになるからね。
他のルールは同じだよ。

👍 アドバイス！

　暗い部屋の中で「オニ」は他の子どもを見つけ、他の子どもは「オニ」から隠れることを意識しておかないといけません（**記憶する・注意する**）。暗い中では、子どもたちは感情的に興奮しやすいため、声を出したり、じっとしておくことができなかったりして、場所の手がかりを与えやすくなります。暗い中でも、自分で気持ちを落ち着かせ、息をひそめなければなりません（**我慢する**）。落ち着かない子がいたら、教師がそばで手を添えて声をかけてもよいでしょう。そして、最初に見つかれば、今度は自分が「オニ」になります（**切り替える**）。

5 歌に合わせて ボールをパス

ねらい ▶ リズミカルな歌の中で、友だちと息を揃えてタイミングを合わせた動きをする

ルール
1. 子どもを輪になるように座らせる。
2. 「あんたがたどこさ」の歌を一緒に歌い、歌に慣れる練習をする。
3. 「さ」のタイミングで隣の子どもにボールを渡す。
4. 「さ」以外の歌の部分はボールを持っておく。
5. 慣れてきたら、ボールを手のひらでつきながら「さ」のタイミングを待つようにする。

▶ 最初にボールを持つ子を決めて、スタート！

 Aさんから始めるよ。「さ」以外のときはボールを持っていてね。

子ども（Aさん）：あんたがたどこ「さ」！
子ども（Bさん）：ひご「さ」！　ひごどこ…
子ども（Cさん）：早くボールをちょうだい！
子ども（Bさん）：あ、「さ」のところで渡すんだった。忘れてた！

 もう一度曲の最初からやってみよう。

 今度はBさんから始めよう。

▶ 応用編① ボールをつきながら待つ

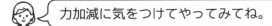 ボールが上にあがるようにポンポンとついてみよう。

子ども（Cさん）：難しいなー。

ボールはそんなに高く上にあげなくていいよ。ちょっとだけ手から離れたら大丈夫だからね。

子ども（Bさん）：あんたがたどこ「さ」！　えい！

上手にタイミングを合わせてパスできたね。

▶ 応用編② 座ったままでやってみる

今度はみんな座ってみよう。

子ども（Aさん）：座ったままボールをつくの？

そうだよ。ちょっと難しいから風船を使うよ。

子ども（Bさん）：動きがちょっとゆっくりだからつきやすいね。

子ども（Cさん）：でも、「さ」のときに強く打ったら変なところにいっちゃった。

力加減に気をつけてやってみてね。

アドバイス！

　歌の歌詞を反復し、分析し、「さ」に合わせて、動作をする必要があります（**記憶する・注意する**）。順番が回ってきたら、「受け取る」「持つ」（渡すことを**我慢する**）、「渡す」の異なる動作をタイミングよく行います（**切り替える**）。ボールがだんだん自分に近づいてくると、子どもたちは緊張するでしょう。緊張すると、失敗しやすくなります。教師は、特に注意の散りやすい子どもに声をかけながら、順番が来ることを準備させます。子どもと手まねなどをしながら、子どもがタイミングに合わせて動作ができるように支援をしましょう。

6 目隠しサッカー
（PK編）

- クラス全員
- 体育館
- 全学年

ねらい ➡ 相手の立場を想像したり、自分のイメージ通りに身体を動かしたりすることを覚える

ルール
❶ 子どもを2チーム（1チーム5人程度）に分ける。
❷ チームの中でボールを蹴る順番を決め、順番がわかるようにビブスをつける。
❸ 先攻と後攻を決める。
❹ 先攻の1番目の子どもがボールを蹴るときは、後攻の1番目の子どもがキーパーをする。
❺ ボールを蹴るキッカーとキーパーは目隠しをする。
❻ 目隠しをしていない子どもは、自分のチームの子どもに指示を出す。
❼ 先攻と後攻を入れ替えながらゲームを進めていく。

▶ 先攻・後攻を決めたら、スタート！

 Aチームが先攻でBチームが後攻です。

子ども（Aチームキッカー）：どこを狙ったらいいんだろう。何も見えないよ。

子ども（Bチームキーパー）：どこに蹴ってくるんだろう。

子ども（Aチーム）：右を狙え！

子ども（Bチーム）：もっと左に寄って守って！

子ども（Aチームキッカー）：蹴るぞ！　えい！

子ども（Bチーム）：ボールが来るよ！　右手を伸ばして！

子ども（Bチームキーパー）：ここかな？

子ども（Aチーム）：やったー！　ゴールしたよ！
子ども（Bチーム）：あー、もうちょっとだったのに！　惜しい！

▶ 応用編　ゴールまでの距離を遠くする

 ボールを蹴る位置をゴールから少し離して遠くします。ゴールできるよう、しっかりと蹴ろうね。

👍 アドバイス！

　目隠しサッカー（PK編）では、目隠しをして、ボールを蹴る子どもはボールをゴールに入れること、キーパーはボールを防ぐことが目的です。

　蹴る子どもは、「ボールを蹴って、ゴールに入れる」ことを意識しながら、目隠しをした状態でボールをどの方向に蹴るか、ボールがどこにあり、どのように蹴ったらいいかを考えないとうまくできません。キーパーの子どもは、「ゴールを守る」ことを意識しながら、ボールがいつ、どこから来るのか、どの方向に身体を動かしたらよいのかを考えないと、ボールを防ぐことができません（**記憶する・注意する**）。

　目隠しをしていない子どもが指示を出すときは、目隠しをしている子どもの立場で、ボールの位置や方向を考える必要があります（**切り替える**）。指示が伝わらないと、目隠しをしている子どもは、ボールをうまく蹴ったり、ボールを止めたりすることができなくなるからです。子どもたちは、キッカーやキーパーの役を順番に行うので、自分が目隠しをしたとき、どのような指示を受けるとやりやすいのかを認識できます。その経験に基づいて、目隠しをしている子どもに指示を出せるようになることも目標です。

　また、目隠しをしていない子どもが好き勝手に指示を声に出すと、目隠しをしている子どもは、混乱して、動けなくなります。教師は、指示を言う順番を決めるなど、指示の出し方についても子どもに伝えながら行いましょう（**我慢する**）。

\7/ ボッチャ

ねらい 自分自身の力の調整をしながら、チームのことを考えて動けるようになる

ルール
❶ 子どもを2チーム（1チーム3人程度）に分ける。
❷ チームの中でボールを投げる順番を決め、順番がわかるようにビブスをつける。
❸ 先攻（赤球）と後攻（青球）を決める。
❹ 先攻のチームがジャックボールを投げ、続けて自分のボール（赤球）も投げる。
❺ 後攻のチームがボール（青球）を投げる。
❻ ボールをすべて投げ終わった時点でジャックボールに一番近い位置にボールを置けたチームが勝ち。
※ ボッチャの道具がない場合は、白いボール1個と赤・青のボールを6個ずつ用意します。

▶ 先攻、後攻を決めたら、スタート！

 Aチームが先攻なので、まずはジャックボールを投げよう。

子ども（Aチーム①）：ピッチャーみたいに上から投げるの？

 上から投げても下から投げても転がしてもいいよ。

子ども（Aチーム①）：えい！

 自分のボールをジャックボールにできるだけ近い所に置いてみよう。

子ども（Aチーム①）：えい！　うわ、行き過ぎちゃった！

次はBチームの番だね。Aチームよりも近い所にボールを置けるかな？

子ども（Bチーム①）： よーし、ちょっとゆっくり転がしてみよう。

うまい！　Aチームよりも近い所に置けたね！

子ども（Aチーム②）： 僕にまかせろ！　えい！

さっきのBチームよりも近い所に行ったね。

子ども（Bチーム②）： ジャックボールに当てて僕たちのボールに近づけちゃお。

それもいい方法だね。

子ども（Bチーム②）： やったー！　うまく当たって僕たちの近くに行ったぞ！

今回はBチームのボールが一番近くにあるね。
Bチームの勝ち！

▶ 応用編　座ったままでボールを投げる

 座ったままボールを投げたり転がしたりしてみよう。

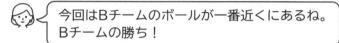 アドバイス！

　先攻のチームは、ジャックボールとの距離を見積もり、できるだけ近い位置に止まるように、ボールを投げます。この動作でボールの投げる手の力を調整することを覚えます。後攻のチームは、先攻のチームが投げたボールがすでにジャックボールの周りにある状態で、ボールを投げることになります。先攻のチームのボールやジャックボールにボールを当てて動かすことも、作戦の1つです。もちろん、そのためには、ボールが思うところに行くように投げなければなりません。頭の中でボールの動きをイメージしながら、作戦を考えることが、ワーキングメモリの働きを促します。

\8/ 消える的当て

💡 **ねらい** ▶ **動きのある情報にも惑わされず、目的に沿って行動する力を育てる**

ルール

❶ PowerPointのアニメーション機能で動きのある的を複数枚作る。的は、1枚につき数秒しか映らない設定にする。

❷ カラーボールを的の数だけ用意する。投げる位置を決めてビニールテープなどを貼る。

❸ プロジェクターを使って数秒間隔で、複数枚の的を順にホワイトボードや黒板に映していく。

❹ 的が映っている間にボールを当てられたら1点。

❺ 1つの的には1回だけボールを当てる。

❻ ボールを投げたときに足が線から出ていたら得点にならない。

❼ 的にたくさんボールを当てた子どもの勝ち。

▶ ボールを投げる順番を決めたら、スタート！

 1つの的には1回だけボールを当てよう。2回当てても得点にならないよ。投げる役はAさんだよ。

子ども（Aさん）： わかった。

 Bさんはボールが的に当たったかどうか記録してね。Cさんは足が線から出ていた回数を記録していてね。

 じゃあ、スタート！！

子ども（Aさん）： えいっ！

子ども（Bさん）： 当たった！

しっかりとボールを投げられているね。

子ども（Cさん）：あ、足が出てる。1回！

 得点を出します。全部で18回当てられていたから18点だね。Cさん、足は何回出ていましたか？

子ども（Cさん）：3回です。

 18回当てたけど3回分は得点にならないから何点になる？

子ども：15点！

▶ 応用編　当てたらダメな的があるパターン

 今度の的には敵と味方がいます。

 的をよく見てね。何が違う？

子ども：的の周りが赤色とか青色になってるよ。

 よく気が付いたね。青色が味方で、赤色は敵です。もし味方に当てたらマイナス1点になるよ。

👍 アドバイス！

　的は動きがあり、消えてしまうので、的の動いているイメージを覚え（**記憶する**）、動きを注視して（**注意する**）、映っている間にボールを投げなければなりません。1回当たったら、ボールを投げるのをやめます（**我慢する**）。同時に、足が線から出ないように、注意します（**我慢する**）。ボールが思うところに投げられない子どもには、教師が手の動きの見本を示します。

　ボールを投げる子ども、ボールが的に当たった回数を覚える子ども、足が線から出た回数を覚えている子どもといった役割があるため、順番に役割を変えていきましょう（**切り替える**）。

サーキットで伝言ゲーム

- クラス全員
- 体育館
- 全学年

💡 **ねらい** 伝言とは全く関係のない身体の動きをしつつ、言葉の記憶を保ち続ける

ルール

❶ フープやマット、跳び箱などを使ってサーキットを組む。
❷ サーキット運動を何度かしてみて運動の順番を覚えさせる。
❸ １番目の子どもに伝言する言葉を他の子に聞こえないように伝える。
❹ サーキットを1周させ、次の子に交替するタイミングで伝言を伝えさせる。
❺ 最後の子どもに伝言の言葉は何であったかを尋ねる。
❻ 伝言で伝える言葉は単語レベルの短い言葉から文章までいろいろな言葉を用意しておく。

▶ サーキットの順番を決めたら、スタート！

 みんな運動の順番は覚えたかな？

 じゃあ、Aさんから行ってみよう。Bさんに伝えてほしい言葉は、「カレーライス」だよ。

子ども（Aさん）：わかった。「カレーライス」だね。

 覚えたみたいだから、スタートしよう。よーい、スタート！！

子ども（Aさん）：（サーキットを１周後）Bさん、伝言は「カレーライス」だよ。

子ども（Bさん）：うん、わかった。

 Bさん、スタート！！

子ども（Bさん）：（サーキットを１周後）Cさん、「カレー」だよ。

Cさん、ゴールしたね。伝言は何だった？

子ども（Cさん）：「カレー」だったよ。

惜しい！　正解は「カレーライス」だよ。

子ども（Cさん）：あれー？　どこで間違えちゃったのかな。

▶ 応用編① 　リレー方式でやってみる

今度はサーキットが長いので、リレー方式でやってみます。

Aさんは跳び箱の前、Bさんはマットの前で待っていてね。
今回はCさんからスタートだよ。

▶ 応用編② 　言葉を無意味語にしてみる

今度の言葉は「むえまこ」だよ。よく聞いて覚えてね。

アドバイス！

　サーキットで伝言ゲームでは、伝言を覚えながら、フープ、マット、跳び箱などの運動を順番に行うことが目的です。子どもはサーキットを回りながら異なる運動を順番に行いますが（**切り替える**）、それぞれの運動をすることに夢中になってしまうと、伝言を忘れてしまうので、注意の一部を伝言に絶えず向けておく必要があります（**記憶する・注意する**）。

　フープ、マット、跳び箱などは、それぞれの道具でどんな運動ができるかについていくつかの選択肢があります。たとえば、マットでは、前回りや後ろ回りなどができます。最初のサーキット運動の練習で、マットでは、「前回りを行い、後ろ回りはしないこと（**我慢する**）」などを覚えさせてもよいでしょう。また、自分の苦手な運動があると、緊張し、時間がかかるため、教師が必要に応じて手助けをすることも大事です。

\10/ 気配斬り

ねらい ➡ 目隠しをすることで、視覚以外の感覚を研ぎ澄ませ、集中力を高める

ルール

❶ ウレタン素材などの柔らかい棒（100円ショップに売っているウレタン棒など）と目隠しを用意する。

❷ コートの広さを決める（ビニールテープなどで四角いスペースをつくる）。

❸ 1対1で対決させる。※団体戦方式にしてもよい。

❹ 棒を持たせた子どもをコートの端と端に立たせ、目隠しをする。

❺ お互いに相手に向かって歩いていき、相手の気配を感じたら1度だけ棒を振る。

❻ 相手に棒が当たったら勝ち。

❼ 空振りになってしまったら負け。

▶ 目隠しをしたら、試合スタート！

対決する順番を決めよう。

子ども：じゃーんけーん、ほい！

Aさんとﾋﾞさんが対決するんだね。2人ともコートに入って。

子ども（Aさん）：目隠しすると何も見えないよ。

子ども（Bさん）：前はどっちだろう。

棒を振っていいのは1回だけだよ。2回以上振ると失格だよ。

子ども：がんばれー。

しーっ。Aさん、Bさんが耳で相手の動きを聞けるように喋らず静かに見守ろう。

子ども（Aさん）：こっちから音がするぞ。

子ども（Bさん）：どこだろう。あっちかな。

子ども（Aさん）：ここだ！　えい！

子ども（Bさん）：しまった！　当てられちゃった！

それまで。Aさんの勝ち。うまく気配を感じ取れたね。

▶ 応用編　棒に鈴など音が出るものをつける

今度は棒に鈴をつけます。

子ども：えー、それじゃあ相手に場所がばれちゃうよ。

相手にばれないようにそっと動くことが大切だよ。

👍 アドバイス！

　目隠しをしているので、相手の位置を音などで認識し、自分との関係をイメージして（**記憶する**）、相手に自分の棒が当たる位置まで少しずつ近づいていきます。同時に、相手も近づいてくるため、相互の位置や距離は刻々と変化し、お互いの位置関係を絶えずイメージする必要があります（**注意する・記憶する**）。

　自分が棒を振ることができるのは1度だけなので、自分と相手の位置が遠すぎても当たりません。十分に近い位置まで振るのを**我慢し**、ちょうどよい距離だと判断したとき、相手の方向に棒を振ります（**切り替える**）。ただし、あまり我慢しすぎると、相手に先に棒を当てられてしまい、負けてしまいます。

　目隠しをして見えないことは、子どもにとって、慣れない経験ですし、新鮮なはずです。耳で相手の声や動く音を聞き取り、そこから相手の距離や方向を考えなければなりません。子どもによっては見えないと怖がることがあるので、教師が手をつなぎつつ、動くのは子どもに任せましょう。

11 かまぼこ板落とし

ねらい 自分の身体のイメージをつかんで、目的に合わせて動かせるようにする

ルール

❶ かまぼこ板を2枚用意する。
❷ スタートとゴールの位置を決める。
❸ ゴールの位置にかまぼこ板を横長に立てて置く。
❹ 身体の決められた部位を使ってかまぼこ板を運び、ゴールの位置に立ててあるかまぼこ板に当てて倒す。
❺ かまぼこ板を倒したらクリア。次の身体の部位で行う。
❻ 使う身体の部位は、頭→肩→顎→肘→背中→おでこ→耳→手（手裏剣のようにスライドさせて投げる）の順番で進める。
❼ すべての部位を先にクリアした人の勝ち。
※ 使う身体の順番は掲示しておきます。

▶ 倒していく順番を決めたら、スタート！

まずは頭にのせて落とさないように歩こう。

子ども：そーっと動いて…。えい！

うまい！　倒れたね！

子ども：やったー！

次は肩にのせてみよう。

子ども：えい！　あー、倒せなかった…。

惜しかったね。もう1回チャレンジしてみよう。

▶ 応用編　チームで協力して倒す

 じゃんけんで2チームに分かれます。

子ども：グーとパーで分かれましょ！

 分かれたチームの中で倒す順番を決めよう。

 チームで協力して1個のかまぼこ板を倒していきます。誰かが頭で倒せたら、次の人は肩で倒します。

子ども：倒せなかったどうするの？

 誰かが頭で失敗しても、チームの他の誰かが頭で倒せたらクリアだよ。

 苦手なところはお友だちに代わってもらってもいいよ。得意な人が苦手な人を手伝ってあげよう。

👍 アドバイス！

　頭にかまぼこ板をのせて、落とさないで歩くためには、自分の頭とかまぼこ板をイメージして（**記憶する**）、頭の位置を調整しながら（**注意する**）、歩かないといけません。頭を揺らしたり、傾けたりしないように**我慢します**。

　ゴールに到達したら、頭とかまぼこ板がイメージ通りに落ちるように頭を傾け（**切り替える**）、立ててあるかまぼこ板に当てます。このような手順を頭→肩→顎と、順番に使って、かまぼこ板を倒すことを繰り返さなければなりません（**切り替える**）。それぞれの部位に応じて、身体とかまぼこ板のイメージは異なり、違った身体の調整が求められます。子どもは、自分の身体を客観的に見ることができないので、イメージの記憶や操作が苦手な子どもに対しては、教師が声をかけて、身体に手を添えながらやってみましょう。

第 3 章

読み書き・思考の力が身につく！

アナログ
あそび

\1/ ひざにタッチ

💡 **ねらい** ▶ 指示を注意深く聞きながらも、数字に関する記憶を忘れないで持ち続ける

ルール
❶ 2人の子ども（Aさん・Bさん）を向かい合わせで座らせる。
❷ 指示役の子どもと審判役の子どもをそばに立たせる。
❸ 子どもの膝に1〜4までの数字をランダムに割り振る。
❹ 指示役の子どもは、1〜4までの数字を適当に言う。
❺ 審判役の子どもは膝に正確に触れているか、どちらが早く膝に触れたかを見ておく。
❻ Aさん・Bさんのうち、早く膝に5回タッチできたほうが勝ち。

▶ 子どもを向かい合わせに座らせたら、スタート！

 Aさんの右膝が1、Bさんの右膝が2です。向かい合って、ゲームスタート！

子ども（指示役）：1！
子ども（審判役）：Bさんが早かった。
子ども（指示役）：2！
子ども（審判役）：今度はAさん。

 強く叩いたらだめだよ。優しく触るだけにしよう。

子ども（指示役）：2！
子ども（審判役）：Aさん早い。

 今くらいの優しいタッチがいいね。

子ども（審判役）：5対3でAさんの勝ち！

▶ 応用編① 人数を増やす

 今度は3人で勝負してみよう。数字の場所は何個になるかな?

子ども：膝が6個だから、数字も6個になるの?

 そうだよ。6つの数字の場所を覚えようね。

▶ 応用編② タッチしてはいけない数字を指定する

 2人で勝負するけど、タッチしてはいけない数字を決めるよ。

 「3」の数字にタッチしてしまったらお手付きで負けになるよ。

アドバイス!

　膝と数字の対応がランダムであるため、「1は自分の右膝、2は相手の左膝」と言葉で覚えておくか、自分と相手の各膝に数字のイメージを結びつけるか（**記憶する**）のいずれかの方法を用いる必要があります。

　言葉で覚えるにせよ、イメージで覚えるにせよ、膝という言葉やイメージは紛らわしいので、情報を混同しやすくなります。指示役の子どもが言った数字を注意深く聞く力が養われるでしょう（**注意する**）。最初の指示で自分の右膝をタッチすると、次の指示でも、右膝をタッチしたくなります。ただ、指示役の子どもが前回と異なる指示を出したら、右膝をタッチするのを**我慢**して、頭を**切り替え**、左膝をタッチします。指示役の子どもが違う数字を言うたびに、2人の子どもは、このような我慢と切り替えをすばやく行わないといけません。

\2/ ステレオゲーム

 ねらい ▶ 特に言葉についての記憶力をトレーニングしながら、求められる役割をこなす

ルール
❶ 言葉を聞き分けて当てる役の子ども（Aさん）を1人決める。
❷ 周りと違う言葉＝キーワードを言う子ども（Bさん）を1人決める。
❸ AさんにBさんの名前を伝える。
❹ Aさんに聞こえないように、Bさんにキーワードを伝える。
❺ 他の子どもたちにも、Aさんに聞こえないように、Bさんとは異なるキーワードを伝える。
❻ 子どもたちを向かい合わせになるように立たせる。
❼「せーの」の後にタイミングを合わせてキーワードを言う。
❽ Aさんに、Bさんのキーワードは何の言葉であったか当てさせる。

▶ 子どもに言葉を伝えたら位置につかせる

 　Aさんが言葉を当てる役をしよう。Bさんが言った言葉を当てようね。

子ども（Aさん）：わかった。

 　「せーの」と先生が言ったら、さっき教えた言葉を一斉に言います。

子ども（Cさん）：何の言葉だったかな？

 　Bさんが「タコ」で、他のみんなは「イカ」だよ。（Aさんに聞こえない音量で伝える）

じゃあ、いくよ。せーの…

子ども：「イカ！」「タコ！」

Aさん、Bさんは何て言ってた？

子ども（Aさん）：えー何だろう。難しいな。

もう一度言ってみよう。せーの…

子ども：「イカ！」「タコ！」

子ども（Aさん）：あっ、わかった！「タコ」って言ってた！

子ども（Bさん）：正解！

▶ 応用編①　言葉の音の数を増やす

今度は3つの音でできている言葉にします。

▶ 応用編②　言葉を繰り返し聞ける回数を決める

言葉を繰り返し聞ける回数を3回までとします。3回までの間にしっかりと聞こうね。

👍 アドバイス！

　子どもは、合図のあるまで、自分が言うキーワードを覚えておかなければなりません（**記憶する**）。特に、違うキーワードを言う子どもは、周りの子どもの言うキーワードにつられないように（**我慢する**）、自分の言うべきキーワードを発声しないといけません。また、キーワードを当てる役の子どもは、キーワードを言う子どもの発声だけに注目し（**注意する**）、周りの子どもの発声するキーワードは無視しなければなりません（**我慢する**）。このように、当てる役の子ども、周りの子ども、キーワードを言う子どもで、それぞれ求められることが異なり、目的と方法を**切り替え**なければなりません。周りの子どもは、キーワードを聞き取ることができても、黙っていなければいけないため（**我慢する**）、全員が各スキルを身につけることができます。

\3/ ぴったり30秒

💡**ねらい** 「1秒」を体感でつかみ、時間感覚を覚える

ルール

❶ 時間を当てる子ども（Aさん）はスタートの合図で数を数え始める。

❷ 審判役の子ども（Bさん）はストップウォッチで計測を始める。

❸ Aさんはぴったり30秒だと思ったら「ストップ」と言う。

❹ Bさんはストップと言われたら計測をやめる。

❺ 一番30秒に近かった人が勝ち。

▶ 時計が見えない位置に座らせたら、スタート！

 まずはAさんが30秒を当てるよ。Bさんは審判をしてください。

子ども（Aさん）：先生、目を閉じて数えてもいい？

 目を閉じてもいいし、指を折って数えてもいいよ。声を出さずに心の中だけで数えてみよう！

子ども（Aさん）：やってみる！

 Bさん、ストップウォッチの準備はいいかな？　じゃあ、やってみよう。よーい、スタート！。

子ども（Aさん）：（いち、に、さん…）ストップ！

 Bさん何秒だった？

子ども（Bさん）：27秒だったよ。

いいタイムだね。次にやってみたい人は誰かな？

▶ 応用編① 　得点をつけて競う

 今度は3回チャレンジしてみます。30秒に一番近い人が10点、2番目の人は5点もらえます。

子ども：30秒ぴったりだったら？

 ボーナスとしてプラス20点あげます。

▶ 応用編② 　みんなで30秒数えてみる

 今度はみんなでぴったり30秒になるように数えてみよう。

子ども：3人いるから10秒ずつ数えられたらぴったり30秒だ！

 このボールを10秒ずつ持って回していこう。最後の人は30秒だと思ったときに上にボールを持ち上げてね。

👍 アドバイス！

　できるだけ30秒に近い時間でストップと言うことが目的です。頭（ワーキングメモリ）の中で、1から順に数えて、30でストップと言うことを覚えておきます（**記憶する**）。そのとき、速く数えても、ゆっくり数えてもいけません（**注意する**）。1秒に1回数えようという意識が必要です（**我慢する**）。子どもは、時間を当てる人と審判役の人を交代で行います（**切り替える**）。1秒がどのくらいの間隔なのか、審判役の子どもは、ストップウォッチで計測しながら、確認することができます。ただし、審判役の子どもが頭で数えてしまうと、「ストップ」を聞き逃し、止めるのを忘れてしまうかもしれません。教師は、審判役に、「ストップ」という発声を聞き逃さないように（**注意する**）支援します。発達障害の特性を持った子どもは、時間感覚に乏しいので、難しい場合、手拍子などで手がかりを与えましょう。

\4/ つみき競争

💡 **ねらい** ▶ 興奮しがちな場面でも気持ちを抑えて、ワーキングメモリの力をバランスよく鍛える

ルール
❶ つみきを1人15個くらい用意する。
❷ 30秒の間につみきを上に積み上げていく。
❸ 30秒経ったときに積み上がっているつみきの個数を数える。
❹ つみきを一番高く積み上げた人の勝ち。

▶ つみきを机にバラバラになるよう配置したら、スタート！

😊 スタートと言ったら、つみきを積み上げていきます。

子ども（Aさん）：あー、Bくんがつみきを持ってるよ。

😊 Bくん、つみきを置きます。スタートの合図があるまでつみきは触りません。

子ども（Bさん）：わかったよ。

😊 よーい、スタート！

子ども（Aさん）：わ、崩れちゃった。

😊 時間はまだあるよ。何度でも積んでみよう。

子ども（Aさん）：よーし、もう1回やるぞ。

😊 Cさんは高く積み上げられたね。残り15秒だよ。

子ども（Cさん）：倒れないようにもうこれ以上は積まないんだ。

最後に残ったつみきの数を数えるから、積まないという作戦もいいね。

子ども（Bさん）：僕はもっと高く積むぞ。

 残り5秒。5、4、3…

そこまで。誰が一番高く積み上げられたかな？

子ども（Aさん）：私、全部のつみきを積めたよ。

本当だ。今回はAさんが一番高く積めたね。

▶ 応用編　高さではなく数の多さで勝敗を決める

 できるだけたくさんのつみきを積み上げていこう。

子ども：時間は30秒？

 30秒の間にたくさんのつみきを積めた人の勝ち。

👍 アドバイス！

　つみきを積むことは、子どもが日常生活の中でよく経験するあそびなので、目的を覚えておきやすいです（**記憶する**）。30秒間にどれだけ高く積み上げることができるかがポイントです。そのため、上にのせるつみきが下のつみきときちんと重なり合うように（**注意する**）、はやる気持ちを抑え、丁寧に置かなければなりません（**我慢する**）。

　つみきが高くなると、不安定になり、倒れそうになるかもしれません。

　その場合は、いったん上につみきをのせるのをやめ（**我慢する**）、下のつみきの位置を調整し、バランスをとるといったことをする必要があります（**切り替える**）。これができないと、つみきが崩れてしまいます。そうした子どもには、注意を切り替えられるように、教師が声かけをしましょう。

\\5/ リズムしりとり

💡 **ねらい** ➡️ 時間的なプレッシャーがある中でも、集中して思考の力を使う

ルール
❶ 2回拍手をしてリズムの速さを確かめる。
❷ しりとりの最初の言葉を言う。
❸ 2回拍手をする。
❹ 次の人がしりとりになるように答える。
❺ 「ん」がついたら負け。
❻ リズムに合わせてしりとりを続けられなかった人も負け。

▶ しりとりを言う順番を決めたら、スタート！

 2回拍手をしたらスタートします。最初の言葉はしりとりの「り」！

子ども（Aさん）：パン、パン。「りんご」
子ども（Bさん）：パン、パン。「ごりら」
子ども（Cさん）：パン、パン「ランドセル」
子ども（Dさん）：パン、パン。る？何があるかな？

 答えられなかったのでDさんの負け。「る」がつく言葉は何かないかな？

子ども（Bさん）：はーい。

 Bさん、何がある？

子ども（Bさん）：るすばん！

おしい！「ん」がついちゃってるね。

子ども（Cさん）：ルーレットはどう？

いいね。「ん」がつかないから続けられるね。じゃあ、次はルーレットからスタート！

▶ 応用編① 拍手をする速さを速くする

さっきのリズムは、パン、パンだったね。今度はパンパンとちょっと速く手を叩いてみよう。

▶ 応用編② ○○しばりにしてみる

しりとりで続ける言葉を、野菜と果物の名前だけにします。リズムは、パン、パンで進めます。

子ども：ゴーヤが好きなんだけど、ゴーヤって野菜？

野菜の仲間だね。他にも野菜か果物の仲間かわからないものはあるかな？

👍 アドバイス！

　前の子どもが言った言葉を覚えながら、最後の音を頭（ワーキングメモリ）の中で取り出し、その音で始まる言葉を探して、言うこと（**記憶する・注意する**）が求められます。探した言葉が「ん」で終わるときは、言うのをやめ（**我慢する**）、別の言葉を探さなければなりません（**切り替える**）。さらに、リズムしりとりでは、これを2回拍手の間に行い、次の3拍目に言葉を口に出さないといけません。時間的なプレッシャーは、思考（ワーキングメモリ）の働きを阻害するので、落ち着いて考えられるように、子どもに応じて、言葉を言うタイミングを手助けします。子どもに向かって、最初の2拍は手のひらを下に向けて上下に振り、気持ちを抑えるように合図し、3拍目に「はい」と声をかけて、声を出すことを促すのも1つのフォローです。

\6/ 音あそびグリコ

💡 **ねらい** ▶ なじみのあるグリコで、自然と言葉の拍を意識できるようになる

ルール

❶ スタートとゴールの位置を決める。

❷ ゴールに立った先生とじゃんけんをする。

❸ 先生に勝ったら、あらかじめ決めた言葉の数だけ前に進む。

❹ じゃんけんの手によって進める言葉の数が決まる。

❺ 言葉は拗音や撥音、長音などの特殊音節を含んだものにする。

（例）グー→「グループ」「グッピー」「グレープジュース」
　　　チョキ→「チョコレート」「ちょうちん」「ちょうちょ」
　　　パー→「パイナップル」「パトロール」「パンケーキ」など

❻ 一番先にゴールできた人が勝ち。

▶ スタート地点に立たせたら、ゲームスタート！

 グーは「グレープフルーツ」、チョキは「ちょうちょ」、パーは「パンケーキ」にします。

子ども（Aさん）：ちょうちょだと、ち、よ、う、ち、よだから5歩進めるね。

 「ちょ」は文字で書くと2文字だけど、1個の音で数えるよ。

子ども（Aさん）：じゃあ、ちょうちょは、ちょ、う、ちょの3歩なの？

 そうだよ。3つの音で数えます。

子ども（Bさん）：グレープフルーツは8個の音でできてる？

 ぐ、れ、え、ぷ、ふ、る、う、つだから8音だね。長く伸ばす音は1音として数えます。

子ども（Cさん）：パンケーキは5つの音だ。

 どの言葉で何歩進めるかわかったかな？

子ども：わかったー。

 前に進むときは、言葉を声に出しながら進もうね。じゃあ、始めます。

先生と子ども：じゃーん、けーん…

▶ 応用編　すごろくと組み合わせてやってみる

 人間すごろくをやりましょう。みんなは自分をすごろくのコマだと思ってください。

子ども：サイコロはどこにあるの？

 サイコロは使わずに先生とじゃんけんして目の数を決めます。グリコで決めた言葉の数だけ進めます。

これは1人ずつ先生と対決しよう！　まずは先生とじゃんけんする順番を決めよう。

👍 アドバイス！

　音あそびグリコでは、グー・チョキ・パーと対応する言葉を覚えておかなければなりません（**記憶する**）。言葉には、特殊音声を含んでいるため、それぞれの言葉の拍に**注意を向け**、その数だけステップし、自然と拍を意識できるようになっています。じゃんけんに勝ったときは、勝った手に対応する言葉の数だけ進みますが、負けたときは前に進むのを**我慢**しなければなりません。また、じゃんけんに勝ったら、グー・チョキ・パーに応じて、対応する言葉に注意を**切り替え**て、進むステップの数を変えなければなりません。拍の数がわからない子どもがいたら、教師が手をたたいて、リズムをつけ、拍の数を意識させるとスムーズにできます。

7 ソーシャルインディアンポーカー

- クラス全員
- 教室
- 中学年以上

💡 **ねらい** ➡ 自分の思い込みだけでなく、相手のリアクションを見て行動できるようにする

ルール

❶ 2人で対戦し、向かい合わせになるように座らせる。他の子どもたちは観客になる。

❷ シャッフルしたトランプ(山札)を場の中心に置く。

❸ 対戦する2人に上から1枚ずつトランプを引かせ、合図があるまで伏せさせる。

❹ 対戦する2人は、「せーの」という合図で、一斉にトランプを自分のおでこの前に掲げる。

❺ 対戦する2人は、観客の子どもに質問をして、自分のカードの強さを推理する。

❻ カードは、A＜2＜3・・・＜Q＜K＜ジョーカー　の順で強い。

❼ 観客の反応を見てカードを変えてもいい。

❽ 勝負するカードが決まったら一斉に場に出す。

❾ 強いカードを持っていた人が勝ち。

▶ **シャッフルしたトランプを場に置いたら、スタート!**

 AさんとBさんが勝負をします。トランプを引きましょう。

子ども（Aさん）：何のカードかな?

 2人とも見ないように上手に引けたね。

 トランプをおでこの前に持っていきます。

AさんもBさんもいろいろと質問していこう。答える人は嘘を言ってもいいし、本当のことを言ってもいいよ。

子ども（Aさん）：私のカードは10よりも強い数ですか？
子ども（観客）：弱いです。
子ども（Bさん）：僕のカードはAさんよりも強いですか？
子ども（観客）：強いです。

言葉だけじゃなく、相手の表情や様子もよく見ようね。観客はなんだか笑いをこらえているよ。

子ども（Bさん）：カードを変えます。

山札からカードを1枚引きましょう。今持っているカードは山札の隣に表を向けて捨てましょう。

子ども（Aさん）：私はこのカードでいくことにする。

2人ともそのカードでいいですか？

子ども（Aさん、Bさん）：いいです！

AさんのカードがKで、Bさんのカードが8だから、Aさんの勝ちだね！

👍 アドバイス！

　見えないカードについて、観客への質問の回答からカードの強さを推測し、対戦相手より強いカードを選ぶことが目的です。子どもは、それまでの質問に対する回答の情報を覚えながら、相手と自分のカードの強さを考えなければなりません（**記憶する・注意する**）。自分のカードが弱いと思えば、新しいカードを引いて、交換し、強いと思えば、新しいカードは引きません（**我慢する**）。観客は、プレイヤーの質問に答えながら、数を推測するための質問の有効性を考え、自分がプレイヤーになる番が来たときに（**切り替える**）、数が推測できるように適切な質問をします。

\8/ 紙コップタワー

💡 **ねらい** ▶ チームでの話し合いで協力しながら、戦略的に考える力を身につける

ルール
❶ 大きさや高さが違う紙コップをできるだけたくさん用意する。
❷ 子どもをいくつかのチーム（1チーム3人〜5人程度）に分ける。
❸ チームごとに同じ数だけ紙コップを渡す。
❹ 制限時間を伝える。
❺ 紙コップを高く積ませる。
❻ 一番高く積み上げたチームの勝ち。
※ 個人戦にしたり、ペアでどちらが高く積めるか対戦したりしても楽しいあそびです。

▶ チームに分かれたら、合図をしてスタート！

 制限時間は10分です。合図があるまでコップに触らずに待とうね。

 コップはどういう向きに積んでもいいよ。どのコップをどの順番で使ってもいいよ。

Aチーム：わかった。

 それでは始めます、スタート！

 チームのみんなで協力して高いタワーを作ってみよう。

Bチーム：じゃあ、交代で積んでいこう。

「終わり」って言ったときに一番高く積めたチームが勝ちだからね。

Aチーム：あ、崩れちゃった。

残り1分あるから、もう1回チャレンジしてみよう。

Aチーム：急げ、急げ。

終わり。みんな今持っているコップを置いて離れてね。

Bチーム：僕たちのチームのほうが高いぞ。

Aチームは30㎝、Bチームは120㎝で、Bチームの勝ち！

▶ 応用編① 作戦を立てさせる

自分たちが勝つためにはどうしたらいいか作戦を決めましょう。5分時間をあげるからチームで話し合ってみよう。

▶ 応用編② 紙コップ以外の道具を使わせる

ここにトランプやプリントがあるよ。

たとえば、コップの上にトランプをのせると蓋ができるね。この上にコップを置いていくことができるよ。

👍 アドバイス！

　大きさや高さが違う紙コップを適当に積み上げても、倒れてしまいます。そのため、どの紙コップをどのように積むかについての方法をチームで話して共有する必要があります（**記憶する**）。上のコップが下のコップの真ん中にのるように（**注意する**）、はやる気持ちを抑え、丁寧に置かなければなりません（**我慢する**）。チームでの作業なので、必要に応じて修正する役割（コップを積む子、バランスをとる子）を交代させてもよいでしょう（**切り替える**）。

トランプで坊主めくり

- グループ
- 教室
- 全学年

💡 **ねらい** ▶ 数やアルファベットの概念を覚え、目的に合わせた反応ができるようにする

ルール
❶ 子どもを円になるように座らせる。
❷ トランプをよくシャッフルして場の中央に置く(山札)。
❸ トランプを1枚ずつ引かせる。
❹ 出たカードが、2 〜 9であれば「殿」となり手元に置いておく。
❺ 出たカードが、A、10、ジョーカーであれば「坊主」となり、これまで取得したカードすべてを山札の隣に捨てる。
❻ 出たカードが、J、Q、Kであれば「姫」となり、場に捨てられたカードをすべてもらえる。
❼ 山札がすべてなくなったらゲーム終了。
❽ 持っているカードの数を数え、一番多い人が勝ち。

▶ カードを引く順番を決めたら、スタート!

（先生）：Aさんからスタート!だね。1枚引こうね。

子ども（Aさん）：3だから殿だ!
子ども（Bさん）：私はKだから姫だ。

（先生）：場にカードがないから何ももらえないね。

子ども（Cさん）：あ、ジョーカーだ。坊主だ!

（先生）：カードを捨てよう。

子ども（Aさん）：姫だったらいいな。えい!　なんだ2だから殿か。
子ども（Bさん）：私も5だから殿だ。

子ども（Cさん）：Qだ！　やったー、姫だからここのカード全部もらえる！

> 自分が捨てたカードが戻ってきたね。

子ども（Aさん）：次は坊主だ！　全部捨てなきゃ。

▶ 応用編① 　カードの役割を変えてみる

> 姫役と坊主役のカードが変わります。A、10、ジョーカーが姫になり、J、Q、Kが坊主になります。2 〜 9は殿のままです。

▶ 応用編② 　坊主を引いたら「リターン」となる

> 今度は坊主を引いたら「リターン」です。Aさんの次はBさんですが、リターンになったら、Aさんの前のCさんに戻ります。

> 坊主なのでカードもすべて捨てます。

👍 アドバイス！

　引いたカードに応じて、「手元に置く」「捨てる」「捨てられたカードをもらう」といった異なる反応をし、カードを多く集めることが目的です。子どもは、カードの種類に応じて、どの反応を行うのか覚えておかなければなりません（**記憶する**）。そして、自分の引いたカードを見て（**注意する**）、適切な反応を行わなければなりません。

　その際、2 〜 9が出たら、「手元に置く」、次の番にA、10、ジョーカーが出たら、引いたカードを手元に置かずに（**抑制する**）、手元に置いたカードをすべて「捨てる」といった反応の**切り替え**を行う必要があります。

　子どもは、カードを多く集めたいので、手元に置くことは容易ですが、集めたカードをすべて捨てることには抵抗があります。「つるつるな坊主の頭に滑って、カードがすべて落っこちた！」など、声かけを工夫して、子どもがカードを捨てることを促しましょう。

\10/ やまかんゲーム

👤 個人
📍 教室
👥 全学年

💡 **ねらい** ➤ 物の長さや重さを感覚的につかめるようにする

ルール

❶ 見本となる細く切った新聞紙を用意する。子どもたちにも新聞紙を渡し、ハサミを用意する。

❷ 見本を見せて、測ってほしい長さとして覚えさせる。

❸ 見本は子どもから見えないように隠す。

❹ 覚えた長さになるように、自分の新聞紙を切り取らせる。

❺ 見本と一番近い長さに切れた人が勝ち。

▶ **新聞紙を細く切れたら、スタート！**

 見本の新聞紙と同じ長さになるようにこの新聞紙を切りましょう。定規は使いません。

子ども：えー！

 今から見せる長さをよく見て覚えてください。最初の長さはこれです。

子ども：けっこう長いぞ。何センチくらいあるんだろう？

 あと10秒しっかりと見てね。10秒経ったら隠して見えないようにするからね。

子ども：これくらいかな？

 じゃあ、切ってみよう。

▶ 応用編①　同じ長さのものを探させる

> 今度は部屋の中から30㎝のものを1つだけ探してみよう。

> ここに30㎝の定規があるよ。これくらいの長さだね。

子ども：よし！　覚えたよ！

> 制限時間は5分です。スタート！

▶ 応用編②　重さが同じものを探してみる

> ここに1㎏のものがあります。この重さに近いものを探してみよう。

> はかりは使わず、見本と重さを比べながら探してみよう。

子ども：探す時間はどれくらい？

> 探す時間は5分です。一番近い重さだった人が勝ちだよ。

👍 アドバイス！

　目で見た見本の長さに、できるだけ近づけることが目的です。子どもは、見本を見て、その長さをイメージとして覚えておかなければなりません（**記憶する**）。そして、そのイメージに基づいて、切る位置を定め（**注意する**）、ハサミで切ります。

　見本の長さは、たとえば、同じ教科書であっても、視点によって、横の長さと縦の長さ、対角の長さなどさまざまです。教科書の縦の長さを新聞紙で切り取る場合、縦に視線を向け（**注意する**）、横など他の長さは無視しなければなりません（**抑制する**）。そして、見本に応じて、注目する長さを変えていく必要があります（**切り替える**）。教師はどこの長さに注目するか明確に指示を出し、「ここからここを見るとわかりやすいよ」と指差しをしながら指導しましょう。

11 ゆっくり 間違いさがし

💡 **ねらい** ▶ じっくり取り組み、分析する力を身につける

ルール

❶ PowerPointのアニメーション機能で、絵が変化するような スライドを作成する。

❷ 変化前の絵をパソコンやタブレット、電子黒板などの画面に 映す。

❸ 変化前の絵を記憶する時間をとる。

❹ 絵が完全に変化したら、どこが変化したか尋ねる。

❺ 子どもが変更点を見つけられるまで、何度か繰り返し見せる。

▶ みんなで1つの絵を見て探す

 今からゆっくりと絵が変わっていきます。最初の絵はこれ です。よく見て覚えてね。

子ども：もう覚えたよ。

 じゃあ、絵が変わっていくよ。

 ゆっくりとしか変わっていかないからね。見落とさないよ うにしっかりと画面を見ておこう。

子ども：あ、変わってきた！

子ども：女の子の黄色い帽子が赤色になっていってる！

 他にもあるかな？

子ども：靴が長靴になったよ！

よく気づいたね。あと1つ間違いがあったけど気づいた人はいるかな？

子ども：テルテル坊主が逆になった！

 正解。3つの間違いをよく見つけられました。

アドバイス！

　変化前の絵と変化後の絵で、どこが変化したかを探すことが目的です。子どもは、変化前の絵を覚えておかなければなりません（**記憶する**）。そして、ゆっくりと変化する絵の個々の部分に注意を向けて（**注意する**）、同じままか、違うものに変わったかを判断します。同じ場合は、反応せずに（**我慢する**）、違うものに変わった場合にのみ、「変化した」ことを指摘します。

　変化前の絵の全体のイメージと比べ、違うように感じる部分に気づいたら、すばやくそこに視線を向けて、じっくりと分析する見方に変える（**切り替える**）ことがポイントです。子どもがわからないときは、教師がどこに注意したらよいか言葉でヒントを与えます。

\12/ チームで五目並べ

💡 **ねらい** ▶ 「覚えながら考える」ことを通じて、ワーキングメモリのさらなる働きを促す

ルール

❶ オセロ盤（マス目のある用紙）を用意する。
❷ 2チーム（1チーム3人程度）に分ける。
❸ チームの中で石を置いていく順番を決める。
❹ 先攻（黒）と後攻（白）が交替で石を置いていく。
❺ 一手ごとに打ち手を変えていく。
❻ 先に縦・横・斜めのいずれかに5個の石をつなげて置いたチームの勝ち。

▶ 先攻、後攻を決めたら、勝負を始める

 黒と白の石を順番に並べていくよ。相手チームの石を挟んだら、その石はひっくり返して自分のチームの石になるよ。自分のチームの石が5個並んだら勝ちです。

 じゃあ、Aチームが先攻です。好きなところに石を置いてください。

子ども（Aチーム①）：じゃあ、ここにしよう。

 Bチームどうぞ。

子ども（Bチーム①）：こうしてみよう。

 Aチームはどういう作戦でいくのかな？

子ども（Aチーム②）：私はこうしたいからこの石もここに置いちゃえ。

待って。1度置いた石は動かさないよ。お友だちが打った手を見てどうやってつなげていくか考えてね。

子ども（Aチーム②）：えー、難しいなー。

 チームの仲間と相談して石を置くところを決めてもいいよ。

▶ 応用編　先攻と後攻が公平になるようにする

 先攻のチームは必ず真ん中に石を置いてください。

 後攻のチームも1手目は置くところが決まっています。真ん中に置いた黒い石の必ず隣に置きましょう。

 隣なら縦、横、斜めのどこでもいいよ。

先攻：2つ目の石も置くところが決まっているの？

 1つ目以外は自由に置いていいよ。

👍 アドバイス！

　通常、1対1で行う五目並べをチーム戦で行います。盤上に置かれた白と黒の石から特定の石の並びに視線を向けます（**注意する**）。3個または4個の並びがあり、かつその左右のいずれかに石が置かれていなければ、それらの石と位置を覚えておかなければなりません（**記憶する**）。

　4個並んでいる場合、それが自分のチームの石ならば、並びに自分の色の石を置けば、5個の並びが成立し、勝ちとなります。相手のチームの石ならば、並びに自分の色の石を置き、相手のチームの勝ちを防がなければなりません（**切り替える**）。

　このように、石の位置を覚えながら考えることは、ワーキングメモリの働きです。オセロ盤上には、石の並びがたくさんできるので、3個や4個など5個並べられそうな並び以外は、無視しなければなりません（**我慢する**）。

| クラス全員 |
| 教室 |
| 全学年 |

ねらい 変化にも混乱せずに、考えたり指摘したりすることを行う

ルール
❶ 変身する子どもを1人決める。
❷ みんなの前に立たせ、変身前の姿を記憶させる。
❸ 姿が見えないように隠れさせる。
❹ 隠れている間に服装や髪型など、どこか一部を変えさせる。
❺ 変身できたら、みんなの前に出る。
❻ 変身の前後で何が違っているかを当てさせる。

▶ 変身する子どもを決めたら、ゲームスタート!

 まずはAさんが変身します。Aさんの姿を1分間よく見て覚えよう。

子ども:Aさんの今日の靴下は白色だな。

 Aさん、ついたての後ろに変身グッズを置いているから使ってもいいよ。

子ども(Aさん):わかった。

 じゃあ、変身したら戻ってきてね。変身する時間は1分だよ。

子ども(Aさん):じゃじゃーん。

 さぁ、Aさんはどこが変わったかな?

子ども(Bさん):靴下が左右逆になっている!

 Aさん正解は?

子ども（Aさん）： 正解です！

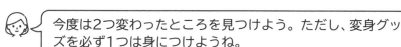 何でわかったの？

子ども（Bさん）： 靴下のマークが逆だったもん。

▶ 応用編①　2箇所以上変化するパターン

 今度は2つ変わったところを見つけよう。ただし、変身グッズを必ず1つは身につけようね。

▶ 応用編②　変化した子どもが複数人いるパターン

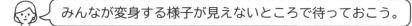 変化したところを当てる人は1人だけです。残りの人は変身しましょう。

子ども： 当てる人が今度はついたての後ろに行くの？

みんなが変身する様子が見えないところで待っておこう。

👍 アドバイス！

　変身ゲームでは、1人の子どもが姿を隠して、服装や髪型など、どこか一部を変え、何を変えたかを他の子どもが当てることが目的です。子どもは、変身前の姿を覚えておかなければなりません（**記憶する**）。

　そして、変身後の個々の部分に注意を向けて（**注意する**）、同じままか、違うものに変わったかを判断します。同じ場合は、反応しません（**我慢する**）。違うものに変わった場合にのみ、「変化した」ことを指摘します。

　変化前後の姿全体のイメージを比べ、違うように感じる部分に気づいたとき、そこに視線を向けて（**切り替える**）、記憶を確認します。子どもがわからないときは、教師がどこに注意をしたらよいか、「足元を見てごらん」など言葉でヒントを与えます。

第 **4** 章

経験の中で文化を学ぶ！

季節のあそび

4月イースター 音当てゲーム

- 👤 クラス全員
- 📍 教室
- 🎓 全学年

💡 **ねらい** ➡ 記憶や想像の中から、正解を導き出す思考を鍛える

準備

❶ プラスチック製の卵を３つ用意し、それぞれの卵に①②③などの番号がわかるシールを貼る。

❷ 卵の中身(小豆やおはじき、ビーズなど)を用意する。

❸ 卵の中に中身を入れる。

❹ 蓋がはずれないようにしっかりと閉じる。

❺ 卵を振って音の違いを確かめる。

❻ 中身だけを確認用として用意しておき、推理しやすいようにする。

▶ グループに分かれたら、推理スタート！

 3つの卵の中に、それぞれ何が入っているか当てよう。卵を振ってよく聞いてみよう。音の違いに気づけるかな？

子ども（Aさん）: これ、シャラシャラいってるよ。

子ども（Bさん）: こっちはジャラジャラ。

 さぁ、どの番号の卵に何が入っているかわかったかな？空の卵に確認用の中身を入れて聞き比べてもいいよ。

子ども（Cさん）: ①の卵と小豆を入れてみた卵は、似た音がするよ。

 何が入っているか皆で決めることができたら答えを見せてね。

子ども: ①の卵には小豆、②の卵にはおはじき、③の卵にはビーズが入っているよ！

▶️ 応用編① 卵の数を増やすパターン

🗣️ 今度は卵が5つに増えます。

子ども：音が似ているものがいっぱいあって難しいな。

▶️ 応用編② 子どもどうしで問題を出し合う

🗣️ 音が出るものを1人1個見つけてこよう。

子ども（Aさん）：私、ビー玉にする！

🗣️ 卵に入れて隠して問題を作ってみよう。

子ども（Aさん）：Bさんに当ててもらおう！

👍 **アドバイス！**

　音当てゲームでは、プラスチック製の卵の中身を当てることが目的です。卵は不透明で、中身が見えないため、子どもは、卵を振って、音の違いから中身を推測しなければなりません。

　その際、小豆、おはじき、ビーズなどそれぞれがプラスチック製の卵に当たるときの音を考え、記憶しておく必要があります。そして、実際に、卵を振ったときの音を聞いて、小豆がプラスチック製の卵と当たるときに想像した記憶上の音と似ているかどうかを考えます。すぐに当てずっぽうで判断することを抑制しないといけません。

　「小豆は小指の先ほどの大きさで、軽いから、少し乾いた音がするかな」など、支援者が子どもに問いかけてみるなどのヒントを与えましょう。ヒントのイメージと照らし合わせて、考える中身を**切り替え**ながら、考えさせることが大事です。「おはじきの音はどうだろうか」「おなじきは小豆より大きく、ガラスで堅いから、高い音がするかな」など、教師が子どもに問いかけてみます。こうした記憶、抑制、切り替えをプラスチック製の卵の数だけ繰り返し、当てずっぽうに判断するのではなく、子どもがじっくり考えることを促していきましょう。

2 4月イースター エッグカーリング

- クラス全員
- 教室
- 全学年

💡 **ねらい** ➤ 自分の力をコントロールできるようになる

ルール

❶ 白色、赤色、青色の画用紙を大、中、小と大きさを変えて丸く切り取る。
❷ 下の図のように3枚を重ねて貼り、点数を書いて的にする。
❸ 作った的を床に置く。
❹ 決められた位置（ビニールテープで目印をつけておく）からプラスチック製のおもちゃの卵を転がす。
❺ 中心の的に一番近い場所に転がせた人が勝ち。

的

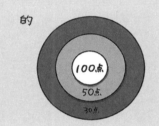

▶ 的に向かって卵を転がす

😊 卵を持って、その線のところに立ってみよう。

子ども：何するの？

😊 あそこの的に向かって転がしてみよう。

子ども：投げてもいい？

😊 投げずに転がすよ。投げたらルール違反で失格。

子ども：どうやったら勝ち？

😊 的の中心の白いところに近かった人が勝ちだよ。

▶ 応用編 チームに分かれて対戦する

 今度はチームに分かれて戦ってみよう。

子ども：どうなったら勝ち？

 チームみんなの得点を足して高いほうが勝ち。

👍 アドバイス！

　まっすぐに転がらない卵を的に向かって転がすことには、細心の注意がいります。強く投げすぎては床に落ちたときやどこかにぶつかったときに、その反動で卵は遠くに行ってしまいます。そのため、卵を転がすとき、手で投げる力を**抑制**する必要があります。ただし、あまり抑制しすぎても、転がらずに、的の近くに行きません。強すぎず、弱すぎず、力を抑制し、調整しないといけません。

　教師は、子どもに応じて、投げ方を教えます。強く投げすぎる子どもには、「もっと優しく、ころころ」などと声をかけ、ゆっくり手を振って見せます。弱く投げすぎる子どもには、「もっと力を入れて、えいっ」と声をかけて、強く手を振って見せます。あそびながら、子どもたちが自分で力加減を調整できるように、感覚を言葉で教えることが大事です。

3 8月夏祭り 魚（お菓子）釣り

👤 クラス全員
📍 教室
🔽 全学年

💡 **ねらい** ▶ 複数の過程を経て、抑制や切り替えの力を身につける

準備

❶ 子どもに、画用紙などに魚の絵を描かせ、魚の形に切り取る。

❷ 魚に大きめのクリップをつける。

❸ 魚の裏側に隠れて見えないようにお菓子を貼りつける。お菓子は個包装のラムネやあめなどを用意する。

❹ 割りばしの先にタコ糸を結び、テープで固定し、たらしたタコ糸の先に磁石をつけ、竿を作る。

❺ 釣った魚が入れられるようにバケツやカゴを用意する。

▶ 竿を持たせたら、ゲームスタート！

 竿に磁石がついているからクリップに近づけたらくっつくよ。

子ども：本当だ。くっついた！

🔽 落とさないようにそっと竿を持ち上げよう。

子ども：あ！ 落としちゃった！

🔽 もう1回挑戦してみよう。

子ども：やったー！ 釣れたぞー！

🔽 左手にバケツを持ってね。そのまま落とさないようにバケツの中に入れてみよう。

子ども：そーっと入れるぞ…！ この魚にはラムネがくっついてた！

▶ 応用編①　座ったまま釣りをするパターン

（支援者）：今度は椅子に座った状態で釣りをしてみよう。

子ども：座ったまま釣るのって難しいな。

（支援者）：隣にいるお友だちがバケツを持って助けてあげよう。

▶ 応用編②　魚に硬貨をつけてみる

（支援者）：魚をよく見てみよう。今度は何がくっついているかな？

子ども：あ！　お金だ！

（支援者）：それぞれの魚に、違う種類の硬貨がくっついているよ。

子ども：あの魚は10円玉が1枚で5円玉が1枚、全部で15円だ！

（支援者）：釣った魚の合計金額が一番高かった人の勝ちだからね。

👍 アドバイス！

　魚（お菓子）釣りは、3ステップに分かれています。①画用紙に魚を描く。②魚にクリップとお菓子をつける。③竿で魚を釣る。最終的な③の目的を忘れてしまうと、①で描いた魚が小さすぎたりするので、①〜③を**記憶**しておく必要があります。ただし、情報量が多いため、支援者は、ホワイトボードなどに、①〜③を書いておき、子どもたちがそれぞれの活動を行っているとき、見えるようにしておきましょう。

　①で画用紙に魚を大きく描き、②で大きめのクリップを魚の口の端につけ、お菓子を裏側に見えないように貼りつけます。絵の描き方や「魚」の作り方については、適当に行うのではなく、作業を**抑制する（調整する）**ことが求められます。

　抑制や切り替えが苦手で、①の作業がやめられない、②が適切にできないような子どもには、魚が完成しないと、魚釣りができず、お菓子が食べられないことを伝えます。最後にご褒美が得られることを強調し、抑制や切り替えを促します。

4 8月夏祭り たこ焼きビンゴ

- 👤 クラス全員
- 📍 教室
- 🎓 全学年

 ねらい 狙い通りに投げられない場合でも、切り替えながら目的を達成する

準備

❶ 発泡スチロール製またはプラスチック製の小さめの容器（直径10cm程度）を用意する。

❷ 段ボール（140サイズ）を用意する。

❸ 容器の大きさに合わせて3×3の穴になるように段ボールの1面をくり抜き、容器をはめ込む。

❹ 容器にちょうど入る大きさになるように新聞紙を丸めてボールを作る。

❺ 容器をはめ込んだ段ボールを設置し、投げる位置を決める。

▶ 投げる順番を決めて、ゲームスタート！

> ビンゴのルールを知っている人？

子ども：ボールが縦、横、斜めに揃ったらビンゴだよ！

> ボールは全部で6個あるからね。

子ども（Aさん）：ここから投げる？

> 線から足が出ないように投げてみよう。

子ども（Aさん）：えい！

> 1個目は真ん中に入ったね。

子ども（Aさん）：今度は真ん中の上を狙うぞ。えい！

真ん中の上じゃなく左上に入ったからリーチだ。

子ども（Aさん）：あと右下に入ればビンゴだね。よーし！

子ども（Aさん）：同じところに入っちゃった。

 おしい！　まだボールはあるから頑張ろう！

▶ 応用編　チームに分かれて競う

 今度は同じチームの子と交互に投げてビンゴを完成させよう。

子ども（Aさん）：私が最初がいい！

子ども（Bさん）：いいよ。どうぞ。

 今度はBさんが投げよう。リーチになりそうなところはどこかな？

👍 アドバイス！

　3×3の9個の穴のうち、どの穴にボールを入れて、縦、横、斜めに揃うようにするか、あらかじめ狙いを決めます。または、いずれかの穴に入るようにボールを投げて、入った場所から縦、横、斜めの目的を決めても構いません。縦、横、斜めのどの線にするのかを決めたら、それを**記憶して**おかなければなりません。それに応じて、次のボールをどこの穴に狙って投げるのかを決めます。教師は、子どもにどの線でビンゴを作ろうとしているのか尋ね、言葉で明示させます。

　もちろん、狙い通りに穴にボールが入るとは限りません。左上の穴にボールが入り、上の横の線を目的として、上の真ん中の穴にボールを入れようとして、中央の穴にボールが入ってしまったとします。その場合、子どもは、上の横の線から、左上から右下の斜めの線に目的を**切り替える**必要があります。

　また、新聞紙のボールを投げるとき、強すぎても、弱すぎてもいけません。手の力を**抑制**し、ちょうど穴に入るように、調整する必要があります。教師は、子どもが狙っている穴を尋ね、投げる方向や力の加減について声をかけます。

5 10月ハロウィン ブラックボックスクイズ

ねらい 必要な情報を得るために、思考しながら、発言する

準備
❶ 子どもが抱えられる程度の大きさの段ボールや箱を用意し、両側から手を入れられるように側面をくり抜く。
❷ 箱の中に入れるものを複数用意する。
❸ 目隠しを用意する。
❹ 机とイスを用意し、机の上に箱を置く。

▶ クイズに回答する子どもを決めたら、ゲームスタート！

 Aさんは目隠しをして待っていてね。

子ども（Aさん）：はーい。

 みなさん、今から箱の中にあるものを入れます。Aさんに知られないように、何も言わずに静かに見ててね。

 Aさんに質問されたら、中身の名前を出さずに答えてあげよう。

 Aさん準備できたよ。箱に手を入れて触ってごらん。

子ども（Aさん）：なんかチクチクする。これは学校にあるものですか？
子ども：あります。
子ども（Aさん）：掃除に使いますか？
子ども：使います。
子ども（Aさん）：わかった。たわしだ！

子ども：せいかーい！

![アドバイス！]

　子どもは、目隠しをしているため、手で触ったものが何であるかはわかりませんが、手の感触からそのものの特徴を把握し、イメージすることができます。そのもののイメージを記憶しながら、それが何であるかを当てるための手がかりになる質問を考えます。

　手で触って、チクチクするとき、いろいろなものを連想するでしょう。「栗」「ウニ」「たわし」「ブラシ」…、連想がどんどん広がるのを**抑制**し、特徴が一番近いものに考えをまとめる必要があります。そして、そのものに関する質問を考えます。たとえば、「たわし」を想定した場合、「チクチクしますか」といった、手がかりにならない質問は**抑制**します。支援者は、子どもが適切な質問ができるように、ヒントを出すなど手助けをしてもよいでしょう。

　クイズに回答するだけでなく、見ている側の子どもにもさまざまな学びがあります。クイズに回答する子どもを見ることで、ブラックボックスに入るものが何であり、どのような質問をすれば、当てることができるのかを覚えることができます。自分がクイズに回答する順番が来たとき、「確か、たわしがあったなあ」と手に触るものを期待しながら、手をブラックボックスに入れます。実際、手で触って、チクチクした感触がなかったときは、思考を**切り替え**なければなりません。「これは、チクチクしないから、たわしではない。片面が堅くて、逆面が柔らかいから、何だろう」。触った感触から、対象を限定する質問を考えていきます。

6 10月ハロウィン ジェスチャークイズ

- クラス全員
- 教室
- 全学年

💡 **ねらい** 相手の立場を想像して、行動する

ルール
❶ お題を書いた紙を複数枚用意する。
❷ お題をジェスチャーで表現する。
❸ ジェスチャーを見て何のお題かを当てる。

▶ クイズを出す子どもを決めたら、ゲームスタート！

 まずはAさんがジェスチャーでクイズを出すからよく見ててね。

子ども（Aさん）：掛け声とか言ってもいい？

 クイズを出す人は喋ったらだめだから、掛け声もなしだよ。

子ども（Aさん）：このペンを使ってもいい？

 物も使えないよ。使っている動きをして教えてあげよう。

子ども（Aさん）：どんなお題？

 これだよ。

子ども（Aさん）：やってみるよ。(ジェスチャーをする)
子ども：わかった！　お化け！
子ども（Aさん）：正解！

▶ 応用編① 　2つ以上の動作を組み合わせるパターン

> 今度は「○○が○○する」みたいに動作が2つあるよ。

子ども（Aさん）：（ジェスチャーをする）どう？

子ども（Bさん）：ミイラ男がスマホで自撮りをしている。

> Aさん、どう？

子ども（Aさん）：せいかーい！

▶ 応用編② 　2人で協力して動いてみる

> 今度はこのお題をAさんとBさんでやってみよう。

子ども（Aさん・Bさん）：（ジェスチャーをする）

子ども（Cさん）：鳥がテニスをしているところ。

> 正解？

子ども（Aさん・Bさん）：おしい！

👍 アドバイス！

　クイズを出す子どもは、お題が「お化け」だったら、周りの子どもの立場に立って、どういうジェスチャーをすれば「お化け」であることがわかるのかを考えます。

　たとえば、ゲゲゲの鬼太郎の「一反木綿」を連想し、フワフワ舞う様子をジェスチャーで示しても、周りの子どもは、わからないかもしれません。そのような場合、目玉おやじ、砂かけ婆、ぬりかべ…と、たくさんキャラクターが広がっていきますが、ゲゲゲの鬼太郎をよく知らない子どもにはわからないかもしれません。そんなときは、支援者がこっそりと声をかけます。「ゲゲゲの鬼太郎以外のお化けを考えてごらん」。子どもはゲゲゲの鬼太郎の妖怪について考えることを**我慢**し、「お化け」の別の具体例に**切り替え**ることができるでしょう。

7 10月ハロウィン 蜘蛛の巣くぐり

- 👤 クラス全員
- 📍 教室
- ⌄ 全学年

💡 **ねらい** ▶ 自分の身体の大きさをイメージしながら、周りの環境に合わせて動けるようになる

準備
1. 紐やスズランテープを用意する。
2. 紐などをとめるテープを用意する。
3. 机やイス、パーテーションなどを用意する。
4. 机やイス、パーテーションをランダムに配置し、スタートとゴールの位置を決める。
5. 机やイスの間に紐を蜘蛛の巣のように張り巡らせ、テープでとめる。
6. ゴール地点にお宝（おもちゃの金貨／クラスでご褒美にしているものなど）を用意する。

▶️ 順番を決めたら、ゲームスタート！

 蜘蛛の巣に触れないようにしてお宝を取りに行こう！

子ども：蜘蛛の巣に触ったらどうなるの？

 しびれて動けなくなるよ。それでは、始めよう！　スタート！

子ども（Aさん）：そーっと。ここはくぐって…。

 上手に蜘蛛の巣を避けているね。

子ども（Aさん）：ここはまたいで…。あ、触っちゃった。

 触ったら、しびれて10秒動けなくなるから、そこで動かないで10秒数えよう。

子ども（Aさん）：1、2、3…10！

10秒経ったからまた動けるようになったよ。

子ども（Aさん）：あともう少しでお宝のところに行けるぞ。

▶ 応用編　風船を持ちながらやってみる

今度は風船を落とさないように持ちながら行ってみよう。

子ども：風船を落としたらどうなるの？

そこでおしまい。スタートに戻ってきてね。

子ども：風船を持ったまま蜘蛛の巣に触ったら？

しびれて10秒動けなくなるよ。10秒経ったらまた動いて
お宝を目指そう。

 アドバイス！

　ゴールに到着するまでにいくつかの「蜘蛛の巣」の下をくぐり抜け
るか、上をまたぐかしないといけません。

　1つの「蜘蛛の巣」の前まで来て、それをくぐると決めたとき、そ
の高さや幅を**記憶**しておかなければなりません。いったん、くぐるた
めに伏せると、「蜘蛛の巣」は見えなくなります。「蜘蛛の巣」に触ら
ないようにくぐるためには、記憶した高さや幅と自分の身体の関係を
イメージし、「蜘蛛の巣」より低く身体をかがめ、その高さを維持して、
前に進みます。身体をかがめた姿勢を保持するのはきついはずですが、
ここで**我慢する**力が身につきます。

　1つの「蜘蛛の巣」を通り抜けると、次の「蜘蛛の巣」が待ってい
ます。前の「蜘蛛の巣」と高さや幅が異なるので、記憶していた「蜘
蛛の巣」のイメージを**切り替え**、身体のかがみ具合や持続時間を調整
しなければなりません。こうした切り替えを何度か行うことで、ゴー
ルに到着することができます。教師は、「もっと低くかがんで」「まだ
身体を起こさないで」など、適宜、子どもに声をかけます。

10月ハロウィン ミイラ男グランプリ

👤 クラス全員
📍 教室
🔽 全学年

💡 **ねらい** ➡️ 物事の手順や必要な力加減を自分で考えられるようにする

ルール
❶ トイレットペーパーを1ロール用意する。
❷ ペアかグループに分かれる。
❸ ミイラ男になる子どもを決める。
❹ ミイラ男役の子がポーズを決めたら、他の子がトイレットペーパーを巻いていく。
❺ トイレットペーパーがなくなったら終了。

▶️ 変身する子どもを決めたら、ゲームスタート!

> 使う材料はこのトイレットペーパー1ロールだけです。うまく全身を巻いてトイレットペーパーを使い切ろうね。

子ども（Aさん）：私がミイラになりたい。

> ミイラ役のAさんは何かポーズを決めて。

子ども（Aさん）：ミイラだから起立の姿勢にしよう。

> 目と鼻と口はふさがないようにしようね。

子ども：わかった。

> さぁ、始めるよ。スタート!!

子ども（Bさん）：どんどん巻いていくぞ。

> 同じところばかり巻かないように気をつけよう。

子ども（Cさん）：こっち巻きたいからトイレットペーパー貸して。

トイレットペーパーがギザギザに切られて垂れ下がってるとミイラっぽくていいね。

▶ 応用編　チームで競う

今度はチーム対抗戦です。どっちのチームが早くミイラ男を作れるかな？

👍 アドバイス！

　トイレットペーパーを巻く役割の子どもたちは、目的であるミイラ男の姿をイメージし、作っている間もイメージを**記憶**している必要があります。子どもによっては、ミイラ男がイメージできないかもしれません。そのような場合は、まず、トイレットペーパーをどう使ったらミイラ男ができるのか考えさせます。

　乱暴に巻いていくと、トイレットペーパーはすぐに切れてしまいます。子どもは、巻きながら、トイレットペーパーを乱暴に巻くことを**我慢する**必要があることに気づくはずです。同時に、ミイラ男を作るためには、全身にトイレットペーパーを巻かなければなりません。足から巻いていった場合、ずっと脚の部分を巻いていては、身体の上の部分に行く前に、トイレットペーパーがなくなってしまいます。トイレットペーパーの減り具合を見ながら、巻く場所を**切り替え**ていく必要があります。

　教師は、巻いている様子を見ながら、「脚ばかり巻いていると、手や頭を巻く前に、トイレットペーパーが終わってしまうよ」などと、巻き方について声をかけ、注意をすることが大切です。

9 12月クリスマス フルーツバスケット

クラス全員
教室
全学年

💡 **ねらい** ▶ 自分に必要な行動を瞬間的に判断できる力を手に入れる

準備

❶ 椅子を人数分より1脚少なく用意し、円になるように椅子を置く。

❷ 3グループに分け、クリスマスにちなんだグループ名（サンタクロース／トナカイ／ツリーなど）をつける。

❸ オニを1人決める。

❹ フルーツバスケットのルールを確認しておく。

▶ オニを決めたら、ゲームスタート！

> Aさんがオニなので真ん中に立ってください。

子ども（Aさん）：じゃあ、サンタクロース！

> サンタクロースグループは立ち上がって動いて、座ってた椅子と違う椅子に座ってね。

子ども（Bさん）：座れなかった、残念！

> 今度はBさんだね。

子ども（Bさん）：トナカイとツリーとサンタクロース！

> 全員を動かしたいときはクリスマスって言おうね。

子ども（Bさん）：クリスマス！

> 全員椅子から立って動こうね。

▶ 応用編　オニがお題を考えるパターン

 最初はAさんがオニだよ。Aさん、お題をどうぞ。

子ども（Aさん）：プレゼントがほしい人！

 当てはまる人は、「はい！」と手を挙げて動こうね。

子ども：はい！

 アドバイス！

　子どもたちは、トナカイ、ツリー、サンタクロースといったクリスマスにちなんだグループに割り当てられます。

　たとえば、トナカイ役の子は、自分は「トナカイ」だと記憶しておき、オニが「トナカイ」と言ったとき、別の席に移動しなければなりません。自分が「トナカイ」であることを忘れてしまうと、移動できないか、移動が遅れてしまい、椅子に座れなくなってしまいます。また、オニが「クリスマス」と言ったら、全員席を立って、移動しなければなりません。そのため、「トナカイ」と「クリスマス」を常に**記憶**しておきます。それに対して、オニが「ツリー」「サンタクロース」と言ったときは、移動する動きを**我慢し**、そのまま座っていなければなりません。

　グループに分けて、何度か遊んだ後、グループ分けを変えて、フルーツバスケットを行うことも、ワーキングメモリの力を伸ばします。前回、「トナカイ」だった子どもが、「ツリー」のグループになったとします。すると、その子どもは、オニが「トナカイ」と言っても**我慢し**、「ツリー」と言ったときに、移動するように、**切り替え**なければなりません。教師は、こうしたグループ分けの変更と切り替えを何度か行いましょう。

10 12月クリスマス 爆弾しりとり

ねらい → 焦ってしまう場面でも、素早い思考ができるようになる

準備
❶ タイマーを用意する。
❷ 人数分の椅子を用意して、円になるように置く。
❸ しりとりのルールを確認しておく。

▶ 最初に爆弾を持つ人を決めたら、ゲームスタート！

 タイマーを回しながら、しりとりをします。このタイマーを爆弾だと思ってください。しりとりに回答したら、次の人にタイマーを渡します。タイマーが鳴ったときに持っている人が負けだよ。

子ども（Aさん）：私から始めるよ。クリスマス！

子ども（Bさん）：スノードーム。

子ども（Cさん）：むし。

子ども（Dさん）：しんぶん。

 しりとりだから、「ん」がついたら負けだよ。

子ども（Dさん）：じゃあ、しんぶんし。

 タイマーは見えないように裏に向けておいてね。

子ども（Eさん）：シュークリーム。

子ども（Fさん）：む？　何があるかな…。

 早く答えないと爆弾が爆発しちゃうよ。

90

（ピピピピ）

 爆発しちゃった。今回はAさんの負け。

▶ 応用編　○○縛りにするパターン

 今度は「あ」から始まる言葉を言って、タイマーを回そう。しりとりではないから、「あ」から始まる言葉なら何でもいいよ。

子ども（Aさん）：アイス。
子ども（Bさん）：あり。
子ども（Cさん）：りす。

 しりとりじゃないよ。「あ」から始まる言葉を探してね。

👍 アドバイス！

　しりとりをするためには、前の子どもの言った言葉（たとえば、クリスマス）を**記憶**しながら、最後の音（「す」）に注意を向け、その音で始まる言葉（スノードーム）を考えなければなりません。ただし、しりとりなので、言葉の最後に「ん」がついたら負けです。

　そのため、もし「しんぶん」を思い出しても、声に出すのを**我慢**し、別の言葉を探すことになります。同時に、子どもたちは、タイマーの音に注意を向けなければなりません。自分のしりとりの番のときに、タイマーの音が鳴るのを避ける必要があります。そのため、自分の番が回ってきたら、早く答えようと意識を働かせます。焦る気持ちを**我慢**して、答えを探し、間違えないように言葉を口にするでしょう。

　また応用編で、「あ」から始まる言葉を探すルールに変えたとき、子どもたちは、思考の仕方を**切り替える**必要があり、これも効果的なトレーニングになります。

1月お正月 福笑い

💡 **ねらい** ➡ **相手の指示を正確に聞く力、相手の立場を理解する力を 身につける**

ルール
① 福笑いを用意する。
② 目隠しを用意する。
③ ペアになる。
④ 1人（Bさん）は指示を出す。
⑤ もう1人（Aさん）は目隠しをしながら、Bさんの指示通りに 動かす。

▶ 先に指示する人を決めたら、ゲームスタート!

 ペアどうしで向かい合って座ります。

子ども（Aさん）：目隠しすると何も見えないな。

 Bさんは Aさんに、どこの顔のパーツかを言いながら渡し ましょう。

子ども（Bさん）：これは鼻です。

 Bさん、Aさんがどこの場所に置いたらいいか指示してあ げよう。

子ども（Bさん）：違うよ。もっと右だよ。

 自分から見た場所じゃなくて、相手から見た場所を言おう ね。

子ども（Bさん）：あ、そっか。じゃあ、左に動かして。

子ども（Aさん）：ここ？

子ども（Bさん）：そこに置いて。

 完成したら見てみよう。

子ども（Aさん）：めちゃくちゃ真ん中に寄った顔になってる！

 **アドバイス！**

　福笑いでは、目隠しをした相手に声で指示を出し、顔のパーツを適切な位置に置かせ、ペアで顔を完成させることが目的です。

　目隠しをする子どもは、目隠しをする前に、顔のパーツ（目、まゆ、鼻、口など）を確認し、その形と名前を記憶しておかなければなりません。そして、目隠しをして、手元のパーツの触覚を手がかりに、それぞれ目、まゆ、鼻、口であることを認識します。

　目隠しをした子どもが鼻を持って、自分の前にある顔のシートに置こうとすると、相手が「もっと右」といった指示を出します。その指示を**記憶**しながら、記憶に応じて手を操作します。右だからといって、あまり右に置くと、顔をはみ出してしまいます。顔の範囲を想像しながら、鼻を置く位置が右に寄りすぎないように、手の動きを**我慢**しなければなりません。

　指示を出す子どもは、目隠しをしている子どもの立場に立って、指示を出さなければなりません。相手の立場に立って、指示を出すことが難しい子どももいます。教師は、そうした子どもに左右上下などがわかるように声かけをして、適切な指示を出せるようにフォローします。

　顔が完成して、できた顔を確認したら、目隠しをする子どもと指示をする子どもの交代です。今度は、立場が逆になるため、それぞれ思考や行動を**切り替え**ながら行う練習になります。

　注意欠如・多動症（ADHD）の特性のある子どもにとって、目隠しをして顔のパーツの位置を調整することは、相手の指示を正確に聞く力をつけることに役立ちます。また、自閉スペクトラム症（ASD）の特性のある子どもにとって、目隠しをした相手に指示をすることは、他人の立場を理解する力をつけることに役立ちます。

12 1月お正月 反対言葉かるた

- 👤 クラス全員
- 📍 教室
- 🌱 全学年

💡 **ねらい** ➤ かるたを通して、語彙力向上や読み書きのスキルを習得する

ルール

❶ 複数の対義語「大人」と「子ども」、「右」と「左」などを用意する。

❷ ペアとなる対義語を確認する。

❸ 厚紙を切って札を作り、1枚ずつ用意した言葉をひらがなで書く。

❹ 言葉の面を上にして置く。

❺ 言われた言葉と反対の意味の言葉を取る。

❻ たくさん取れた人が勝ち。

※ 5人〜10人程度であそぶと、参加者全員がバランスよく参加することができます。

▶ 取り札を置いたら、スタート!

> 「こども」の反対は?

子ども（Aさん）:「おとな」! これだ!

> 正解。「みぎ」の反対は?

子ども（Bさん）:これ!

> それは「うえ」だね。ちょっと違うよ。おしい!

> お手付きした人は1回休みになるよ。Bさん、この回は休んで見ておこう。

子ども（Bさん）：ちぇっ！

「みぎ」の反対は？

子ども（Cさん）：「ひだり」！

正解！　Bさんも今からまた参加できるよ。

▶ 応用編　漢字の対義語を使うパターン

今度は、ひらがな以外にも漢字の反対語の札もあるからね。

何と何が反対の意味になるか、確認して始めよう。

「登校」の反対は？

子ども：「下校」！

👍 アドバイス！

　反対言葉かるたでは、言われた言葉と反対の意味の言葉の札をたくさん取ることが目的です。子どもは、言われた言葉（たとえば、「子ども」）を**記憶**し、その反対の意味の言葉（「大人」）を考えなければなりません。「大人」が思いついたら、その札に注意を向け、すばやく取ります。他の子どもとの競争です。

　また「右」と言われたとき、方向を意味する言葉なので、子どもは、「上」の札が目に入ると、手を出したくなりますが、「右」の反対ではないと気付いて、**我慢**しなければなりません。

　「子ども」―「大人」といった対の言葉は、「子ども」から「大人」を連想する必要があります。逆に「大人」がお題として言われたとき、子どもは思考の方向を**切り替え**、「大人」から「子ども」を連想する必要があります。このように対義語のペアの札を入れ替えることで、子どもの切り替えの力の働きを促すことができます。

　参加する子どもの学年に応じて、国語の教科書から対義語を用意することで、語彙力の増加や漢字の読み書きの習得に役立ちます。

第 **5** 章

手指の運動で正確性・計画性を育む！

物作りあそび

折り紙 立体の カボチャ作り

💡 **ねらい** ▶ 手順ごとに、指示を正確に覚えて実行する

準備
❶ カボチャの形の型紙を人数分用意する。
❷ 型紙の大きさに合わせたオレンジや緑の画用紙を8枚用意する。
❸ 目や鼻、口などのパーツ用に黒や紺の画用紙を用意する。
❹ ヘタ用にモールなどを用意する。
❺ ハサミと糊、木工用ボンドなどを用意する。

▶ **カボチャの型を配ったら、制作スタート！**

 画用紙の上に型紙を置いて鉛筆でなぞろう。

子ども：型が動かないように手で押さえて…。

 型紙の線に合わせて、画用紙をハサミで切ります。

 カボチャの形に切れたかな？

 それをあと7枚作って、全部で8枚にしよう。

 8枚作れたら、片面だけに糊をつけて貼り合わせていこう。1枚は取っておいてね。かぼちゃの形をよく見て間違えないようにしようね。

子ども：本のページみたいになったよ。

 残しておいた1枚の真ん中にボンドを塗ってモールをつけるよ。

モールをつけたら、全体に糊を塗って貼り合わせたかぼちゃをくっつけよう。

 黒や紺の画用紙に目や鼻、口を書いて切って貼ったら完成だよ！

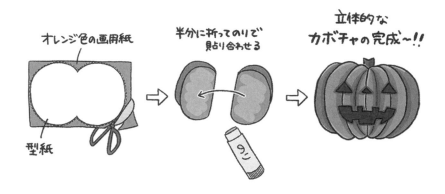

オレンジ色の画用紙

型紙

半分に折ってのりで
貼り合わせる

立体的な
カボチャの完成～!!

👍 アドバイス！

　子どもは、カボチャを作ることを知らされ、目標である「カボチャ」を**記憶します**が、この時点でどのように作るかはわかりません。教師から折り方の指示を受けたら、その指示を**記憶**しながら、画用紙に注意を向け、操作しなければなりません。指示を忘れてしまい、次に何をすればよいのかわからない子どもに対して教師は、同じ指示を繰り返し伝えましょう。

　型を置いて鉛筆でなぞる間は、型が動かないように、手で押さえる（**我慢する・抑制する**）必要があります。抑制しないと、線がゆがんで、型どおりに描けません。ハサミで切ると、画用紙がカボチャの形になっているので、目標として覚えていた「カボチャ」のイメージと一致していくことでしょう。それを８枚作ったら、教師の指示「片面だけに糊をつけて貼り合わせよう」を新たに**記憶**し、思考を**切り替え**ます。その後も教師の指示を**記憶**し、思考を**切り替え**ながら、作業を進めたら、最後にいよいよ立体カボチャの完成です。

\2/ 宝石石鹸作り

 ねらい ▶ 五感を使って楽しみながら、指示に従って完成させる

準備

❶ 1人につき、グリセリンソープ65gを用意し、そのうち50g をレンジで溶かしておく。

❷ 好きな香りのアロマオイル、液体の食紅（1滴程度。粉の場 合はつまようじの先にのるくらい）を用意する。

❸ 紙コップ、クリーム絞り袋、混ぜる用の棒を用意する。

❹ 氷水を入れたボールを用意する。

▶ グリセリンソープを溶かしたら、制作スタート！

 紙コップに好きな匂いのアロマオイルを2～3滴入れよう。

子ども：私はこのオレンジの香りにしよう。

 アロマオイルを入れた紙コップに、溶かしたグリセリン ソープ50gを入れます。はかりで何グラム入れたか確認し ながら入れていこう。

子ども：食紅を入れてもいい？

 いいよ。入れたらしっかり混ぜよう。

子ども：混ざったよ。

 別の紙コップにクリーム絞り袋をセットして、溶かしたグ リセリンソープの半分の量だけ流し入れよう。

流し入れたら、溶かしていないグリセリンソープ15gも入れよう。

子ども：キラキラになるね。

　残しておいた半分に、少し食紅を足して色を濃くしてみよう。これも絞り袋に入れてね。

子ども：入れたよ。

　固まってきたら紙コップから取り出して、軽く握って好きな形に整えよう。

子ども：できた。

　氷水に入れて冷やして固めるよ。

子ども：石鹸みたいに固くなったよ。

　好きな形に包丁で切ってみるといいよ。

アドバイス！

　子どもは、宝石石鹸を作ることを知らされ、目標である「宝石石鹸」を**記憶します**が、どのように作るかはわかりません。目の前の材料であるグリセリンソープ、アロマオイル、食紅を見て、それぞれ石鹸、匂い、色の素材であることを推測します。

　教師から「紙コップに好きな匂いのアロマオイルを2～3滴入れよう」と指示を受けたら、その指示を**記憶**しながら、紙コップにアロマオイルを入れます。「2～3滴」に注意を向け、入れすぎないようにします（**我慢する・抑制する**）。次に「はかりで何グラム入れたか確認しながらグリセリンソープを入れよう」と指示を受けると、その指示を**記憶**しながら、はかりの変化も見て、グリセリンソープを入れます。

　最後に、「紙コップから取り出して軽く握って好きな形に整えよう」の指示を記憶しながら、実行します（**切り替える**）。子どもたちは、それぞれ自分の宝石石鹸を見せ合い、どの点を工夫したのか、どの点が自慢なのかを、教師の励ましを受けながら、言葉で説明します。

\3/ バブルアート

- 個人
- 教室
- 全学年

ねらい ➤ 想像力を活かして、クリエイティブな力を伸ばす

準備
❶ 1人につき、洗濯のり20ml、台所用洗剤20ml、水10mlを用意する。
❷ 好きな色の絵の具（チューブで1〜2cm）を用意する。
❸ 紙コップ、液体を混ぜる棒を用意する。
❹ ストローやスプーンを用意する。

▶ 絵の具の色が決まったら、制作スタート！

> まずシャボン玉液を作ります。

> 洗濯のりに台所用洗剤を混ぜて、ほんの少し水を加えよう。

子ども：水を入れ過ぎないように気をつけて…。

> 紙コップに好きな色の絵の具を少し入れよう。

子ども：私、ピンクと紫のアジサイにしたい。

子ども：私は海にしたいから青か水色だな。

> 絵の具を入れたらシャボン玉液を入れてよく混ぜよう。

子ども：あ、ちょっと泡立ってきた。

> ストローの先にシャボン玉液をつけて画用紙の上で吹いてみよう。

子ども：あ、泡がはじけてシャボン玉の跡が紙についたよ。

色が違うシャボン玉液を作りたかったら、それぞれ違うコップで作ろう。

子ども：コップの中で息を吹くと泡が作れるね。

割れないようにスプーンですくって紙に落としてみるといいよ。

アドバイス！

　子どもは、いろいろな色のシャボン玉液を作ることを知らされ、目標である「シャボン玉液」を**記憶します**。教師から、「洗濯のりに台所用洗剤を混ぜて、ほんの少し水を加えよう」と指示を受けると、その指示を**記憶**しながら、作業します。特に「少し」に注意を向け、入れすぎないようにします（**我慢する・抑制する**）。次に、「紙コップに好きな色の絵の具を少し入れよう」の指示を受けると、その指示を**記憶**しながら、好きな色の絵の具を選び、紙コップに少し入れます。ここにシャボン玉液を入れたら、でき上がりです。「ストローにシャボン玉液をつけて画用紙の上で吹いてみよう」の指示によって、これまでと異なる動作にイメージを**切り替え**、実行します。教師は、「できるだけ大きなシャボン玉を作ろう」と呼びかけ、ストローへの息の吹き方を調整する（**我慢する・抑制する**）ことを促します。できたときには、ほめて励ますことも大事な役割です。

\4/ 蜘蛛の巣作り

ねらい ▶ 細かい作業にも集中して、手先の不器用さを改善する

準備
① 事前にひと結びのやり方を確認する。
② 毛糸を用意する。
③ ハサミとテープを用意する。
④ 作りたい巣の大きさを決める。

▶ 巣の大きさが決まったら、制作スタート！

 毛糸を同じ長さで切り、４本ぐらい用意しましょう（40㎝くらいに切った毛糸を見本として見せる）。

子ども： 私は大きな巣を作るんだ。

 ２本合わせて真ん中でひと結びにし、はずれないようにしよう。

子ども： ひと結び、ちょっと難しいな。

 糸の端にテープをつけて十字になるよう床に貼り付けよう。糸がピンと張るようにちょっと引っ張りながら貼るといいね。

子ども： 十字になるように貼れたよ。

 あと2本、斜めにも糸を張って米の字を作ってみよう。全部真ん中で結び合わせてね。

子ども： できた。

次は多角形になるように糸と糸の間に糸を渡して、ひと結びで結び付けていこう。

子ども：糸の下から糸を通して、輪を作って通して結んで…。

　結ぶ間隔は均等じゃなくても大丈夫。穴が大きいものや小さいものが混ざっていると蜘蛛の巣っぽいね。

子ども：破れている感じにしてもいい？

　いいね。それも蜘蛛の巣っぽいね。

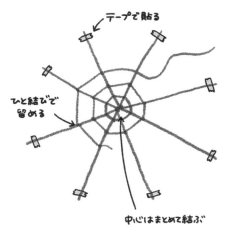

アドバイス！

　子どもは、蜘蛛の巣を作ることを知らされると、そのイメージを**記憶します**。次に教師から指示を受けると、その指示を**記憶**しながら、作業します。「真ん中」で結べるように注意を向け、位置を調整しながら（**我慢する・抑制する**）、結びます。「糸の端にテープをつけて床に貼り付けよう」の指示を聞いたら、今度は、行動を**切り替えて**、糸がピンと張るように引っ張りながら、端にテープを貼ります。再び、貼る動作から、糸を結ぶ動作に戻り、斜め2本の糸を加えて、中央で結び、引っ張ります。子どもたちにとって、長い糸を結ぶのが難しいかもしれません。この糸と糸をつなぐ結び方も難しいので、教師が見本を見せてしっかりと記憶させていきます。

クリスマス オーナメント作り

- 個人
- 教室
- 全学年

ねらい 道具を使いこなしながら、特に「我慢する・抑制する」力を働かせる

準備
❶ トイレットペーパーの芯を用意する。
❷ 画用紙や折り紙を用意する。
❸ ハサミ、糊、セロハンテープを用意する。
❹ タコ糸や綿、油性ペン、マスキングテープなどを用意する。

▶ 作りたいものが決まったら、制作スタート!

クリスマス用にサンタクロースオーナメントを作ります。

まずはトイレットペーパーの芯を半分に切ります。

Aさん：ちょうど半分にするにはここら辺を切ったらいいかな。

今度は切った芯の高さに合わせて、折り紙を糊で貼りつけよう。

Aさん：私はサンタだから、赤色と薄だいだい色の折り紙を使おう。

折り紙が貼れたら、芯を横にして糊で貼り合わせてね。

Bさん：ころころ転がっていって難しいな。

端をテープで貼り合わせてもいいよ。

Cさん：顔を描きたい。

ペンで描いてもいいし、白のシールに目を描いてもいいよ。

Bさん：このモールを使って手を作りたい。

Aさん：綿をつけておひげにしよう。

 シールやマスキングテープを使ってもいいよ。ボタンやベルト、服を表現してもいいよね。

 タコ糸をつけて飾れるようにしたら完成だよ。

サンタクロースのオーナメント

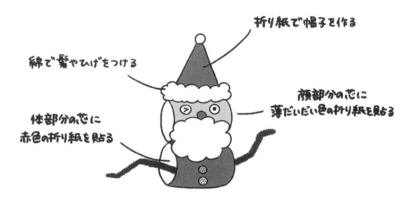

折り紙で帽子を作る

綿で髪やひげをつける

顔部分の芯に
薄だいだい色の折り紙を貼る

体部分の芯に
赤色の折り紙を貼る

👍 アドバイス！

　子どもは、まず自分が作りたいオーナメントを決めます。たとえば、「サンタクロース」をイメージし、それを**記憶して**から取りかかります。教師から、「まずはトイレットペーパーの芯を半分に切ります」と指示を受けると、その指示を記憶しながら、芯の「半分（真ん中）」に注意を向け、位置を調整して（**我慢する・抑制する**）、ハサミで切ります。さらに次の指示を受けると、思考と行動を**切り替えて**、作業を進めます。芯の高さに合わせて（**我慢する・抑制する**）、折り紙を貼り、転がらないように手で押さえたり（**我慢する・抑制する**）、さまざまな力が身につきます。

\6/ ## スクイーズ作り

👤 個人・ペア

📍 教室

🌱 全学年

💡 **ねらい** ➡ 触感過敏がある子でも、柔らかいおもちゃに触れ、落ち着く手段を身につける

準備

❶ ゴム風船と小麦粉を用意する。

❷ じょうごを用意する。

❸ ストローや割り箸を用意する。

❹ 飾り用のリボンや毛糸、油性ペンやシール付きの目玉などを用意する。

※ ペアになり、お互いに手伝いながら作業するとスムーズに進められます。

▶ 風船を選んだら、制作スタート!

 風船の口や袋の部分をいろいろな方向に引っ張って伸ばします。

子ども：何で伸ばすの?

 柔らかくなるから小麦粉を入れやすくなったり、触ったときに形を変えやすくなるよ。

子ども：小麦粉はどうやって入れるの?

 このじょうごを風船の口にはめて小麦粉を入れていくよ。

子ども：あれ、小麦粉が全然入っていかないよ。

 小麦粉は割り箸やストローで上から突いて入れていくんだよ。

子ども：あ、入っていってる。

 小麦粉を全部入れられたら、口を結んで止めようね。

子ども：全部入った。口を結ぼう。

 毛糸を三つ編みにして髪の毛を作ったらかわいいね。リボンを結んでもいいよ。

子ども：顔を作りたい。

 ペンで目や口を描いてもいいし、目玉シールをつけてもいいよ。

👍 アドバイス！

　手作りのスクイーズを作ることが目的です。子どもは、ゴム風船と小麦粉でスクイーズを作ることを知らされ、でき上がったスクイーズを予想し、そのイメージを**記憶します**。

　教師から、「風船の口や袋の部分をいろいろな方向に引っ張って伸ばします」と指示を受けると、その指示を**記憶**しながら、風船の口や袋の部分に注意を向け、手で引っ張り伸ばします。

　次に、「このじょうごを風船の口にはめて小麦粉を入れていくよ」と指示を受けると、今度はその指示を**記憶**しながら、じょうごを風船の口にはめて小麦粉を入れていきます。小麦粉が入っていかないときは、教師の「小麦粉は割り箸やストローで上から突いて入れていくんだよ」との声かけから、思考と行動を**切り替え**、割り箸やストローで上から突いていきます。風船の中に小麦粉がはみ出さずに入っていくように、何度も突いて入れていきます（**我慢する・抑制する**）。

　小麦粉が全部入ったら、入れるのをやめ、行動を切り替えて、口を結びます。リボンで飾り付けをしたり、ペンやシールで目玉を描いたりします。教師は、子どもたちに、できあがったスクイーズをお互いに手で触りながら、見た目や感触の違いを言葉で表現するように促しましょう。完成してからも楽しめるあそびです。

7 サイエンスクッキング 勝手に2層ゼリー

- クラス全員
- 家庭科室
- 全学年

ねらい ▶ 衛生面や安全面に気をつけながら、科学の楽しさに触れる

準備

❶ 班ごとに事前に相談し、ゼリーの味（オレンジやブドウなど果汁100%ジュース）を決める。ジュースは400mlのものを用意する。

❷ 動物性の生クリーム100ml、砂糖大さじ4、レモン汁大さじ1、粉ゼラチン10gを用意する。

❸ 粉ゼラチンに水大さじ3を加えてふやかしておく。

❹ 生クリームは常温に戻しておく。

❺ 透明なカップを人数分用意する。

※ 上記の分量は5人分を想定しているため、人数に合わせて分量は調整します。

▶ 材料と道具を用意できたら、調理スタート！

 鍋にジュースと砂糖を入れて温めて砂糖を溶かします。

子ども：ふつふつとするくらいだね。

 温まったら火を止めよう。レモン汁とゼラチンを加えたらよく混ぜてね。

子ども：ゼラチンが溶けたみたい。

 生クリームを入れたら2回だけ混ぜるよ。

 混ぜたら、カップにこぼさないように流し入れよう。冷蔵庫で冷やします。

子ども：全部オレンジ色だよ。

 自然とオレンジと白い部分に分かれて層ができるからね。

▶ 応用編　果汁の濃度が違うジュースを使う

 今度は果汁が50％のジュースを使って作ってみよう。

 果汁の違いによって層のでき方が変わってくるよ。

アドバイス！

　勝手に2層ゼリーでは、果物のジュースと生クリームの2層のゼリーを作り、食べることが目的です。子どもたちにとっては、食べることも楽しみなので、どんなゼリーができるのか期待も高まります。

　用意した目の前の材料であるジュース、生クリーム、砂糖、レモン汁、粉ゼラチンを自然と**記憶**します。その後の、教師の指示は、目の前の材料と道具との取り扱いに関するものです。

　①鍋に砂糖とジュースを入れる、②温める（点火する）、③砂糖を溶かす、と3ステップが同時に含まれているため、手順を忘れてしまった子どもに対しては、指示を繰り返します。③の「砂糖を溶かす」には、どのくらい加熱するのかの指示が含まれていないため、温まったら火を止める（**我慢する**）ことに注意を向けるように声かけをします。火を止めたら、注意を**切り替え**、レモン汁とゼラチンを加えて、混ぜるように指示を出します。

　さらに、生クリームを入れ、カップにこぼさないように（**我慢する**）流し入れる、冷蔵庫で冷やすと、どんどん**切り替え**ていきます。最後に子どもたちは、食べながら、オレンジと白い部分に分かれて層ができていることを確認します。

　教師は、材料や道具を準備し、調理するにあたって、衛生面や安全面に気をつけます。同時に、子どもにも、手や道具をよく洗って、清潔にしないとお腹を壊すこと、道具を慎重に取り扱わないと火傷などの怪我をすることなどを説明し、衛生面や安全面への配慮を促します。

型抜き サンドイッチ

個人

家庭科室

全学年

ねらい ▶ 完成形をイメージしながら作るとともに、食の喜びを味わう

準備
❶ サンドイッチの中に入れる具材（ハムやチーズなど準備しやすいもの）を事前に話し合う。
❷ サンドイッチ用の食パンを用意する。
❸ 具材を用意する。
❹ クッキー用の型、太めのストローなどを用意する。
❺ その他必要なもの（包丁、まな板、ラップなど）を用意する。

▶ 材料の準備ができたら、調理スタート！

包丁でパンを半分に切りましょう。

子ども：切って2つにできたよ。

どちらか1つに具材を置きます。

子ども：私はハムとチーズが好き。

もう1枚はクッキー用の型で真ん中をくり抜きます。

子ども：ハートの型でくり抜いてみよう。

くり抜けたら具の上に重ねて置いてみよう。

子ども：下の具が見えてかわいい！

子ども：私はストローで丸く抜いてみたよ。

下のいちごジャムが水玉模様みたいでいいね！

▶ 応用編　コップを使って型を抜く

今度はパンのできるだけ真ん中に具を置いてみよう。

子ども：えー、何で？

このコップを使って型を抜きたいからね。

子ども：これくらいの大きさかなー。

もう1枚のパンを重ねたらコップでくり抜いてみよう。

子ども：大きな丸いサンドイッチができた！

フォークを使わなくても端が閉じたサンドイッチができたね。

アドバイス！

　型抜きサンドイッチでは、パンの片側に具材を置き、その上に型でくり抜いたパンを置き、サンドイッチを作り、食べることが目的です。子どもたちにとってサンドイッチは身近なものであるため、イメージしやすいですが、型でくり抜いたパンを上に置き、具材が見える点が通常のサンドイッチと異なるため、新鮮な刺激があります。

　子どもたちは、ハムやチーズの具材を**記憶**し、どのようにサンドイッチを作るのか考えなければなりません。具材がパンの上からはみ出さないように、ちょうどよい大きさに制限する必要があります（**我慢する**）。

　そして、サンドイッチの片側ができあがったら、活動の**切り替え**です。具材ののったパンの上に、型抜きしたパンを置くために、まず、パンの型抜きをします。クッキー用の型やハートの型でパンをくり抜いて、片側の上に置いたら、サンドイッチのできあがりです。完成したサンドイッチをみんなで食べ、食の楽しさを実感できるでしょう。

個人・3〜4人
教室
全学年

💡 **ねらい** ➡ 見本通りに作ることと、自分で工夫することを両立させる

準備
❶ クッキーやウェハースなど家を作る材料を用意する。
❷ チョコペンを用意する。
❸ マーブルチョコなど飾りとなる材料を用意する。
❹ 見本となるお菓子の家の写真を用意し、見本を見ながら作る。

▶ 家の材料を配ったら、調理スタート！

まず家から作っていきます。

ウェハースを使うよ。写真のように置いてみよう。

子ども：こうかな。

この置き方だと高さが違い過ぎて隙間ができてしまうね。

子ども：あ、そっか。

長さと高さをしっかりと見て縦と横を判断しようね。

子ども：これ、どうやってくっつけるの？

チョコペンを糊がわりにしてみよう。

子ども：こっちにチョコをつけて、これをくっつけよう。

チョコが固まるまで触らないでそのままにしておこう。

子ども：屋根はこの形？

そうだね。写真をよく見れているよ。屋根をくっつけよう
と強く押したら壁が壊れるから気をつけて。

子ども：そーっと、そっと。

 家が完成したら飾りつけをしていこう。

▶ 応用編　グループで1つの大きな家を作る

 今度はグループで大きな家を作ってみよう。パーツごとに
分かれて作っていこう。

子ども（Aさん）：私、屋根を作りたい。
子ども（Bさん）：私はこのドアのところを作りたい。

 最後にみんなが作ったパーツを集めて組み立てよう。

👍 アドバイス！

　子どもたちは、まず土台を作るために、見本の写真を見ながら、お
菓子の家のイメージを**記憶**する必要があります。見本を見ながら、ど
のような形になるのか予想したうえで、実際にクッキーやウェハース
を置いていきます。
　子どもたちの予想は、写真のモデルと異なっているかもしれません。
そのようなとき、教師は、「この置き方だと高さが違い過ぎて隙間が
できてしまうね」と声かけをし、頭の中でのイメージの**切り替え**を促
します。また、材料をチョコペンでくっつけるときは固まる前に、つ
い触りたくなってしまいます。そのようなとき、教師は、「チョコが
固まるまで触らないでそのままにしておこう」と声かけをし、触るこ
とを**我慢する**ことを促します。もし触って壊れてしまい、作り直しに
なったときも、教師は、「ほら、触ると壊れてしまうでしょ。チョコ
が固まるまで触らないようにしておこうね」と声かけをします。家が
できたら、飾り付けです（活動の**切り替え**）。お菓子の家が完成したら、
子どもたちで少しずつ食べ、楽しみましょう。

第 **6** 章

安全で健康な生活を目指す！

社会性を
育てるあそび

1 自分の「好き」や「得意」を知っていこう

- 👤 ペア
- 📍 教室
- 🔽 中学年以上

💡 **ねらい** ▶ 自分の好きなこと、得意なことを認識して、自己肯定感や自尊感情を高める

ルール
❶ やらせたい役割や仕事を決める。
❷ 右の例のような役割に沿ったフローチャートを作成する。
❸ 質問する役、質問に答える役に分かれ、質問をする。
❹ 質問には「はい」か「いいえ」で答える。

▶ 役割が決まったら、面接スタート！

 質問されたことに対して「はい」か「いいえ」で答えてね。

子ども（Aさん）：放課後に友だちと遊ぶことは好きですか？

子ども（Bさん）：はい。

子ども（Aさん）：算数は得意科目ですか？

子ども（Bさん）：いいえ。

子ども（Aさん）：みんなの前で発表するのは好きですか？

子ども（Bさん）：はい。

子ども（Aさん）：生き物を育てるのが好きですか？

子ども（Bさん）：いいえ。

子ども（Aさん）：何かに集中して周りが見えないことがありますか？

子ども（Bさん）：はい。

子ども（Aさん）：（フローチャートと照らし合わせて）Bさんは「司会者タイプ」です。

 みんなの意見を聞いたりまとめたりするのが得意みたいだね。

フローチャートの例

自分に当てはまることや好きなことにチェックをつけましょう	チェック	チェックの数
放課後に友だちとあそぶことが好き		
算数が得意		
みんなの前で発表することが好き		
生き物を育てることが好き		
集中すると周りが見えなくなる		個
→チェックの多い人は「司会者タイプ」です🎤		

アドバイス！

　質問する役の子どもは、フローチャートに沿って、質問をします。答える役の子どもは、質問に「はい」か「いいえ」で答えます。教師は、子どもに、自分の「好き」や「得意」を意識させることが大切です。子どもにとって好きなこと、好きになってほしいこと、得意なこと、得意になってほしいことなどを選び、フローチャートの質問を作成します。

　子どもには、単に質問に答えるのではなく、好きかどうか、得意かどうか、よく考えるように促しましょう。「放課後に友だちと遊ぶことは好きですか」と質問されると、答える役の子どもは、その質問を**記憶**し、好きかどうかを考えます。普段の放課後の自分の行動を振り返り、すぐに好きだと答えるのを**我慢**し、本当に好きだと判断したときだけ、「はい」と答えます。立て続けに、「算数は得意科目ですか」と質問されると、答える役の子どもは、頭を**切り替えて**、その質問を**記憶**し、今度は算数に関して得意かどうかを考えます。

　テンポよく進むので、切り替えの力も自然と身につけることができるでしょう。子どもは、自分の好きなことや得意なことを意識すると、自分を肯定的に捉えることができるようになり、自尊感情が生じます。自尊感情はワーキングメモリや実行機能の発揮を支えます。

ねらい → 子どもの興味関心や特性から、それぞれが必要なスキルや態度を身につける

ルール
❶ たとえば、夏祭りなどの行事を行う場面で、必要な仕事を複数用意する。
❷ どの仕事を経験してもらうか、子どもの「好き」や「得意」に沿って割り振る。
❸ 仕事のやり方を教える。
❹ 仕事をする上での心構えやルール、マナーなどを教える。
❺ 作業に関する自分の目標を決めさせる。
❻ 作業終了後に振り返りをする。

▶ お仕事が決まったら、作業スタート！

> 作業を始める前に今日の目標を決めよう。

子ども（Aさん）：私はお知らせを作る仕事だから、なにがいいかな…。

> どんなお知らせを作ってほしいのか、みんなにもしっかり聞けるといいよね。

子ども（Aさん）：じゃあ、「言われた通りに作業する」を目標にしよう。
子ども（Bさん）：私はいつもちょっと時間が過ぎて怒られちゃう。

> 時間を意識できるようになるといいよね。

子ども（Bさん）：「時間を守って作業をする」にしよう。

> タイマーかアラームをセットしてみる？

子ども（Bさん）：タブレットのタイマーを使ってみる！

子ども（Aさん）：お知らせができました。

> この色がちょっと見にくいから色を変えてください。

子ども（Aさん）：この黄色がかわいいんだけど。

> 今日の目標は何だった？

子ども（Aさん）：お仕事だから相手の意見に合わせないといけないんだった！

👍 アドバイス！

　子どもの興味、能力、特性を考慮し、今後身につけてほしい態度やスキルに関連し、かつ子どもに具体的な作業ができるお仕事を設定することが大事です。たとえば、「お知らせを作る仕事」に割り当てられた子どもは、仕事が終わるまでそのことを**記憶**しておかなければなりません。教師から、「作業を始める前に今日の目標を決めよう」と指示されると、子どもは、「お知らせを作る仕事」に関連した「目標」に**注意を向け**、考えます。適切な目標が言えない場合、教師は、子どもの興味、能力、特性の観点から、「どんなお知らせを作ってほしいのかしっかり聞けるといいよね」などと手がかりを与えます。その手がかりをもとに、子どもは、お仕事に関連して「正確なお知らせの伝達」に**注意を向け**、いい加減にお知らせを作ることを**我慢・抑制する**ため、「言われた通りに作業する」と表現します。

　「いつもちょっと時間が過ぎて怒られちゃう」Bさんについては、時間を過ぎることを**我慢・抑制する**ため、「時間を守って作業をする」という目標を作るように励まします。さらに、その目標を守るための具体的な手段に注意を**切り替え**、「タイマーかアラームをセットしてみる？」と提案します。最後は全員で振り返りをしましょう。

\3/ サイコロトーク

💡 **ねらい** ➡ 話を聞く／話をするときのルールを覚えて、コミュニケーションスキルを習得する

ルール
❶ サイコロを用意する。
❷ 話題（「好きな食べ物」「好きな動物」など）を6つ挙げ、サイコロの目の数を割り振る（「3の目が出たら食べ物の話をする」と決めておく）。
❸ 話す順番を決める。
❹ 話をするときのルール、話を聞くときのルールを確認する。

▶ 話題が決まったら、コミュニケーションスタート！

> サイコロを振って出た目の話をしてみよう。

子ども（Aさん）：私からだ。えい。

> 3の目の話は、好きな食べ物だね。

子ども（Aさん）：私の好きな食べ物は…。

> Aさん、視線が下を向いているよ。頑張って聞いているお友だちの顔をそれぞれ1回は見ていこう。

子ども（Aさん）：好きな食べ物はお菓子です。特に好きな…
子ども（Bさん）：何のお菓子？

> Bさん、質問は話を最後まで聞いてからするルールだよね。

子ども（Bさん）：あ、そうだった。

122

聞いている人は、「いいね」「私も」と言葉で伝える代わりに頷いて伝えてあげよう。

子ども（Aさん）：特に好きなお菓子は棒付きキャンディーです。
終わりです。

 話の終わりをきちんと伝えるルールをよく覚えていたね。話を聞き終わった後のルールは何だった？

子ども（Bさん）：拍手をする！　（拍手）

▶ 応用編　エピソードトークを入れる

 サイコロトークにも慣れてきたから、ちょっと話題を変えるよ。

 最近びっくりした話、うれしかった話とかどう？

子ども：最近はまってることでもいい？

 じゃあ、「最近○○している話」にしようか。

👍 アドバイス！

　子どもたちは、サイコロの目に対応する話題を**記憶**しなければなりません。たとえば、3の目が出たら、「好きな食べ物」に**注意を向け**ます。話をするときのルール、話を聞くときのルールもあります。教師は、「Aさん、視線が下を向いているよ。頑張って聞いているお友だちの顔をそれぞれ1回は見ていこう」と声かけし、視線を友だちに向けて、話すように**我慢する**ことを促します。6個のサイコロの目には、別々の話題が対応しているため、子どもたちは、自分の振ったサイコロの目に応じて、記憶をたどり、異なる話題に注意を向け、思考を**切り替えて**、何を話すかを考えなければなりません。教師は、「話の終わりをきちんと伝えるルールをよく覚えていたね。話を聞き終わった後のルールは何だった？」のように、ルールに従って行動できた子どもをほめ、さらに、ルールに従って行動できるように声かけをしていきましょう。

\4/ 両替ゲーム

 ねらい ▶ お金の単位を覚えながら、基本的な計算ができるようになる

ルール
❶ 教師があらかじめおもちゃのお金を用意する。
❷ お金の種類を学習する。
❸ 同じ金額になるお金について学習する。
❹ 小さい金額のお金を換金していき、より大きな金額のお金にする。
❺ 一番大きな金額のお金に換金できたら勝ち。

▶ 制限時間を決めたら、ゲームスタート！

😊 これは何円ですか？

子ども：色が黄色で穴が開いているから5円だ。

😊 他の種類のお金で5円をつくるときは、どうしたらいいかな？

子ども：えーと、1円が5枚で5円だよ。

😊 1円と5円だとどっちの金額が大きいお金？

子ども：5円。

😊 1円は5枚になるけど、5円なら1枚だけでいいね。

子ども：この5円2枚を10円に換えてください。

😊 さらに、もっと大きなお金に換えられないかな？

124

子ども：10円が10枚あるから、100円にしてください。

　　　　　紙幣に換えられるかな？

子ども：この500円と100円5枚で1000円になる！

　　　　　本当だ。はい、1000円どうぞ。

▶ 応用編　決まった枚数でお金を作ってみる

　　　　　6枚のお金で100円にしてみてください。

子ども：50円が1枚と10円が5枚で6枚になるね。

　　　　　今度はもっと多い枚数のお金にできないかな？　ただし、
　　　　　3種類以上のお金を使ってね。

子ども：10円が9枚で5円が1枚、1円が5枚で15枚だよ。

アドバイス！

　両替ゲームでは、異なる金額のお金を組み合わせて、同じ金額のお金に換金していき、一番大きな金額のお金にすることが目的です。まず、子どもたちは、異なる金額のそれぞれのイメージと名前の組み合わせを**記憶**しなければなりません。次に、たとえば、5円玉1枚のイメージと5の数（音声）を記憶しながら、1円玉を1枚ずつ数えて5で数えるのをやめます（**我慢する**）。6枚になると、同じ金額になりません。1円玉5枚と5円を交換します。

　同様に、1円玉を1枚ずつ数えて10で数えるのをやめ（**我慢する**）、10円玉と交換することもできますが、思考を**切り替え**、5円玉1枚と、1円玉5枚を数えて、10円玉と交換することもできます。5円玉2枚でも構いません。教師は、子どもが、1円、5円、10円の関係を理解できていることを確認します。10円、50円、100円、500円、1000円と桁が大きくなっても同様です。最終的に、一番大きな金額のお金にすることが目的ですが、同じ金額をいろいろなお金の組み合わせで作れることを理解できるように、声かけをしながら行いましょう。

5 プレゼントをあげよう（買い物体験）

- 👤 個人・クラス全員
- 📍 外での活動
- ⅄ 全学年

💡**ねらい** ➡ 交通ルールを守ることや、予算や相手のことを考えることなど、社会性を身につける

ルール
❶ お金の単位、使い方が理解できているか確認する。
❷ 買い物の仕方を確認する。
❸ プレゼントの予算を決める。
❹ 交通ルールを確認する。
❺ お店の中でのルールや振る舞いを確認する。

▶ 特定の人へのプレゼントを決める

 今日はプレゼント交換用のプレゼントを買いに行きましょう。

子ども（Aさん）：私はキラキラのシールがほしい。

 自分用にプレゼントを買うんじゃなかったよね。Aさんは誰にあげるんだった？

子ども（Aさん）：私はBさんにあげるんだった。

Bさんはどんなものをもらったらうれしいと思う？

子ども（Aさん）：Bさんは犬が好きって言ってた気がする。

Bさんの筆箱は、もこもこのウサギだね。

子ども（Aさん）：動物が好きなのかも。

そうかもしれないね。

子ども（Aさん）：予算に合った動物グッズを探してみよう。

▶ 応用編　誰に当たるかわからないようにする

クラス全体でプレゼント交換をしてみたいと思います。

子ども：買ったプレゼントが誰に当たるかわからないの？

そう。自分が買ったものが当たるかもしれないね。

子ども：みんなどんなものがいいんだろう。

もらってうれしいものを予想してみよう。

アドバイス！

　プレゼントをあげよう（買い物体験）では、お店に行って、お友だちにプレゼントを買うことが目的です。まず、教師は、子どもたちに、相手にプレゼントとして何を選べばよいのかを考えさせます。「Bさんはどんなものをもらったらうれしいと思う？」といった質問を受けると、子どもは、その質問を**記憶**し、Bさんの好きなものに**注意**を向けて考えます。

　「Bさんは犬が好きって言ってた気がする」など、Bさんの好みに関する情報を想起するでしょう。そのとき、「私はキラキラのシールがほしい」など、自分の視点から考えることを**我慢**することを経験できます（**抑制**する）。「動物が好きなのかも」と相手の喜ぶプレゼントの種類が決まったら、思考を**切り替え**、さまざまなアイテムの値段に注意を向けなければなりません。「予算に合った動物グッズを探してみよう」といった買い物の計画ができると、実際に、お金を持って、お店に行き、動物グッズを探して購入することになります。

　お店に行くこと、実際の品物の中から予算内のグッズを選ぶこと、レジでお金を支払い、プレゼント用に包んでもらうことなど、事前に何度か練習し、記憶しておかなければならない情報は多くあります。事故が起こらないように、教師が付き添い、グループなどで実行するとよいでしょう。

6 楽しいゲームの計画を立てる

- クラス全員
- 教室
- 全学年

💡**ねらい** ➡️ 時間、場所、道具の制限がある中で、友だちと協働して
ワーキングメモリを使う

> **ルール**
> ❶ お楽しみ会に使える時間を伝える。
> ❷ お楽しみ会でやってみたいゲームを挙げていく。
> ❸ 事前の準備が必要かどうか考える。
> ❹ やってみたいゲームの進め方を決める。

▶ お楽しみ会の日を決めて、計画スタート！

 3時間目にお楽しみ会をしたいと思います。使える時間は何分くらいかな？

子ども（Aさん）：授業が45分だから、45分！

 やりたいゲームはある？

子ども（Bさん）：イスとりゲームがやりたい。
子ども（Cさん）：私はババ抜きか神経衰弱がやりたい。
子ども（Aさん）：〇×クイズとかビンゴがやりたい！

👧 全部できそう？

子ども（Bさん）：イスとりゲームはすぐに終わるんじゃない？
子ども（Cさん）：じゃあ、5回やるとかは？

👧 〇×クイズはどうやるの？

子ども（Aさん）：1人ずつクイズを考えようよ。

バ バ抜きや神経衰弱、ビンゴはどうする？

子ども（Cさん）：バ バ抜きが早く終わりそう。

　　　　早く終わったらたくさん違うあそびができるよ。

 どういう順番でどれくらいの時間、ゲームをするのかも決めてね。

アドバイス！

　「楽しいゲームの計画を立てる」では、一定の時間のお楽しみ会でのゲームの計画を立てることが目的です。まず、お楽しみ会をすることと使える時間を伝え、その情報(45分のお楽しみ会)を子どもに**記憶**させます。

　教師は、「やりたいゲームはある？」と具体的な内容を考えさせます。子どもたちは、イスとりゲーム、ババ抜き、神経衰弱、〇×クイズ、ビンゴなど挙げますが、時間的な制限（45分）は考慮に入れていないでしょう。

　そこで、「全部できそう？」などと、子どもたちに時間的な制限に注意を向けさせ、何を**我慢（制限）**するのか考えさせます。子どもたちは、イスとりゲーム5回など、ゲームの内容から、それぞれの回数と費やす時間や順番を考えることに思考を**切り替え**ます。子どもに具体的な計画を文字や表に書かせることも有効です。その他にも準備するもの、進行役などを考えなくてはいけないことを指摘しながら進めていきましょう。

　子どもは、45分のお楽しみ会を好きなように計画することができますが、最初は、計画の立て方がわからないので、教師の質問に答える形で考えます。慣れてくると、自分たちで考えることができるようになるでしょう。「みんなで楽しく過ごす」ことが目標なので、その目標のために、時間、場所、道具などの制約を考慮しながら、計画を立てるのは、ワーキングメモリの働きです。1人で考えることは難しくても、話し合うことで、子どもたちは、ワーキングメモリを協働的に使い、その発達を促します。

\7/ 防災マップ作り

- 👤 クラス全員
- 📍 教室
- 👁 中学年以上

💡 **ねらい** ▶ 災害時を想定して、どのように行動するか、自分で事前に考えられるようになる

準備
① 学区の地図を用意する。
② 学区のハザードマップを用意する。
③ 色鉛筆を用意する。

▶ 防災マップ作り

> 地図の中から学校がどこにあるか探してみよう。

子ども（Aさん）：ここにあるよ。

> 自分の家の住所はわかる？　家を探してみよう！

子ども（Bさん）：私の家は〇〇町！
子ども（Aさん）：あった！

> もし大雨や洪水が来たら学校までどうやって逃げる？

子ども（Bさん）：いつもここを通ってくるから、こう行く。

> ここに大きな川があるね。氾濫しないかな？

子ども（Aさん）：ハザードマップを見てみたら？

> ハザードマップだとこの道は浸水しているみたい。

子ども（Bさん）：えっ!?　この道、通れないの？

> 回り道になるけど、こっちの道のほうが安全みたいだね。

安全な避難経路が確認できたら、道に色を塗っていこう。

▶ 応用編　公衆電話体験

 公衆電話がどこにあるかこの地図で確認してみよう。

子ども：公民館の横にあるよ。

 使い方は知ってる？

子ども：知らない。

 この動画を見て確認しよう（NTT東日本の公式動画を見せる）。

子ども：受話器を上げてからお金を入れるんだね。

 今度実際に使いに行ってみよう。

アドバイス！

　防災マップ作りでは、災害時における、自宅から学校への避難路を地図に描くことが目的です。子どもは学区の地図を見て「地図の中から学校がどこにあるか探してみよう」の指示を**記憶**し、学校に**注意**を向けます。同様に、自宅にも**注意**を向けます。次に、「もし大雨や洪水が来たら学校までどうやって逃げる？」の質問を**記憶**し、自宅から学校への経路に**注意**を向け、順にたどります。「この道は浸水しているみたい」の指摘を受けたら、先に決めた通路をやめ（**我慢する**）、浸水しない別の経路に**切り替えます**。教師は、「回り道になるけど、こっちの道のほうが安全みたいだね」と声かけし、**切り替え**られるようにします。最後に、「安全な避難経路が確認できたら道に色を塗っていこう」の指示を**記憶**し、安全な避難経路に**注意**を向け、色を塗ります。

8 バスや電車で移動体験

💡 **ねらい** ▶ 公共交通機関でのルール、ふるまいや移動方法を把握して実行できるようになる

> **ルール**
> ❶ 学校の近くにある公共交通機関を確認する。
> ❷ 目的地まで公共交通機関で行けるか確認する。
> ❸ 乗り換えにかかる時間や移動にかかる時間などを調べる。
> ❹ 公共の乗り物の中でのルールや、取るべき振る舞いを確認する。

▶ タイムスケジュールを作る

 11時30分までに水族館に着けるように、計画を立てよう！まず、学校から最寄駅までは歩いてどれくらいかかると思う？

子ども（Aさん）: 10分くらい。

子ども（Bさん）: 電車には20分くらい乗るから、10時30分のバスに乗ればいいね。

 駅のホームからバス停まで、歩いて5分くらいかかるよ。

子ども（Bさん）: 10時30分のバスじゃ間に合わないんだ。

 何時のバスがありそう？

子ども（Aさん）: 10時45分のバスがある。

 それくらいがちょうどいいかもね。11時30分までに水族館に着いておきたいけど間に合いそう？

子ども（Aさん）：○○駅から水族館までバスで15分って書いてある。間に合いそうだよ。

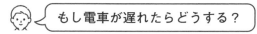 もし電車が遅れたらどうする？

子ども（Bさん）：もう1本遅いバスの時間を見ておこうよ。

　「バスや電車で移動体験」では、学校から目的地までの移動計画を立て、実行することが目的です。教師が黒板などに、学校と目的地である水族館などの絵や言葉を書いておくと子どもにも伝わりやすいでしょう。さらに、その移動手段として、徒歩、電車、バスなども絵や言葉で示すと、話し合いがスムーズに進みます。

　子どもは、目的地とそこまでの移動手段としての徒歩、電車、バスを**記憶**します。そして、教師による「学校から駅までは歩いてどれくらいかかると思う？」の質問を**記憶**し、歩く時間に**注意**を向け、「10分くらい」と答えます。次に、思考を電車に**切り替え**、乗る時間に注意を向け、「20分くらい」と計算することができます。そして、「10時30分のバスに乗ればいいね」と考えますが、教師から「駅のホームからバス停まで、歩いて5分くらいかかるよ」と指摘を受けると、間に合わないことに気づき、「10時30分のバス」に乗ることをやめ（**我慢する**）、「10時45分のバス」に**切り替えます**。

　さらに、「駅から水族館までバスで15分」かかることを調べ、11時30分までに水族館に到着することを確認します。黒板などに描いた学校、徒歩、電車、バス、水族館を結んだ線に、時間や時刻を記入しておきましょう。

　このように、目的地までの移動の計画には、ワーキングメモリをフル活動します。実際に実行されると外界の刺激も加わり、さらに脳が活性される子どもたちにとって大きな機会になります。

おわりに

　本書の「ワーキングメモリあそび」は、これまで児童発達支援・放課後等デイサービスで実践してきたものです。子どもたちの間で受け継がれ発展してきたあそびの中には、持続的に楽しめるための工夫がみられ、想像力やコミュニケーション、社会性などの「学び」が得られる仕掛けがたくさんあります。

　私たちは、長年の実践の中で、「発達障害」などの特性を持った子どもたちがあそびを通して確実に変わってくることを実感していました。
　それを科学的に検証するために、子どもたちのワーキングメモリを診断し、変化を調べてきました。その中で、確かにワーキングメモリが変化するデータを得ることができました。本来は、論文として公表する方が先ですが、この「ワーキングメモリあそび」を、早く学校の教師や放課等デイサービスの支援者の皆様に伝え、広めていきたいと考え、本書の執筆となりました。

　これまで、学習に困難を抱える子どものワーキングメモリに注目した診断や支援についての研究を行ってきました。現在は、ワーキングメモリの診断によって、読み書きや算数に将来問題を抱える可能性のある子どもを早期に見出し、支援を行い、問題の生起の可能性を軽減するための研究を進めています。支援の方法として、読み書きや算数の基盤を作るトレーニングを考えていますが、それに加えて、本書で紹介したワーキングメモリあそびも取り入れるのが効果的であると考えています。

　「ワーキングメモリあそび」では、普段子どもたちがやっているあそびに、ワーキングメモリ・実行機能に負荷がかかるルールを加えています。このような「原理」を理解すると、読者の方々も、普段支援されている子どもたちの個性、興味・関心に適したあそびを工夫する

ことができるはずです。本書がきっかけとなり、学校や児童発達支援・放課後等デイサービスなどで、多様な「ワーキングメモリあそび」が広がってくことを期待しています。

　本書は、発達障害の子どもだけに向けたものではありません。現在、すべての子どもたちが、ワーキングメモリ・実行機能の発達に好ましくない環境に置かれています。通常学級でも、休み時間や特別活動の時間で、ワーキングメモリあそびを取り入れてみてください。子どもの発達にとって、よい影響が期待できるでしょう。ワーキングメモリあそびを通して、学んでいくことで、将来的な本人の生きる力にもつながっていきます。本書の活動が、子どもたちの日常的なあそびとして広がっていくことを切に願います。

　本書を作成するにあたり、学陽書房土田萌氏には、企画、編集、校正にわたり、多大なる支援をいただきました。土田氏の力なしには、本書は、完成しませんでした。ここに感謝の意を記します。

2024年4月

湯澤正通・山上紗奈栄

※なお、本書で紹介したワーキングメモリあそびの効果検証を行ううえで、JSPS科研費（21K03001）の助成を受けました。

著者紹介

湯澤 正通 （ゆざわ まさみち）

広島大学大学院人間社会科学研究科 教授。特別支援教育士スーパーバイザー。ワーキングメモリ理論に基づいた教育支援やアセスメントについて長年研究や啓発を行う。発達障害の子どもに向けた様々な学習支援方略を提案し、ワーキングメモリ研究の第一人者として影響を与えている。アセスメントツール「HUCRoW」を開発。一般社団法人ワーキングメモリ教育推進協会 代表理事。『ワーキングメモリを生かす効果的な学習支援：学習困難な子どもの指導方法がわかる！』（学研プラス）、『知的発達の理論と支援：ワーキングメモリと教育支援』（金子書房）など著書多数。

山上 紗奈栄 （やまがみ さなえ）

精神科や小児科等の医療機関に勤務するとともに、医療機関付属の障害児通所施設で発達障害児の支援に関わる。医療機関、放課後等デイサービス、スクールカウンセラーとして働きながら、広島大学大学院にてワーキングメモリ理論に基づいた療育プログラムの開発と効果について研究中。臨床心理士・公認心理師。

特別支援教育　発達障害の子が学びに夢中に！
ワーキングメモリあそび

2024 年 5 月 29 日　初版発行
2024 年 10 月 7 日　2 刷発行

著　者―――――　湯澤正通・山上紗奈栄
　　　　　　　　ゆ ざわまさみち　やまがみ さ な え
発行者―――――　佐久間重嘉
発行所―――――　学 陽 書 房
　　　　　　　　〒 102-0072　東京都千代田区飯田橋 1-9-3
編集部―――――　TEL 03-3261-1112
営業部―――――　TEL 03-3261-1111 ／ FAX 03-5211-3300
　　　　　　　　http://www.gakuyo.co.jp/

ブックデザイン／能勢明日香　　本文イラスト／ももひら
本文 DTP 制作／越海辰夫　　印刷・製本／三省堂印刷